하루10분
브랜딩
습관

소규모 사업자가
처음 읽는
브랜드 책

하루10분 브랜딩 습관

흑상어쌤 지음

내 생애
첫 브랜딩 책

×××××××××××××××××××××××××××

◈ 브랜딩은 아름다운 것

우리 말 중에 '아름답다'라는 말이 있습니다.

'아름답다'의 어원에 대한 가설은 몇 가지가 있습니다. 한 가지 가설은 '아름'이 '안다'에서 유래하여 아름답다는 말은 무언가를 안다는 뜻이라는 것입니다. '아름'을 우리가 두 팔을 쫙 벌려 껴안을 수 있는 길이와 양을 뜻한다는 설도 있습니다. 그리고 15세기 고문헌 『석보상절(釋譜詳節)』의 '아답다'에서 유추한 가설로 여기서 '아'는 '나'를 뜻하기 때문에 '아름답다'라는 말은 '나답다'라는 의미라는 것입니다.

'아름답다'의 여러 가설 중 '나답다'라는 의미로 이해하고 브랜딩을 생각해 보면 좋겠습니다.

브랜딩이란 한마디로 '나를 나답게' 만드는 것입니다.

따라서 브랜딩은 '나를 아름답게' 만드는 것입니다.

브랜딩은 나답다는 것,

나답다는 것은 '아름답다'는 것,

브랜딩은 '아름다운 것'

우리 브랜드의 겉뿐만 아니라 속까지 아름답게 만드는 것이 브랜딩입니다. 우리 브랜드의 아름다운 가치관, 메시지 등을 아름다운 상품이나 서비스로 전달하는 것이 브랜딩입니다. 아름다운 것을 싫어하는 소비자는 없습니다. 우리 브랜드의 아름다운 것을 좋아하는 소비자를 더 많이 만들고 더 깊이 좋아하게 만드는 것이 브랜딩의 아름다운 결과입니다.

브랜딩은 나를 나답게 만드는 아름다운 것이라는 이해 속에서 이 책을 읽어 보길 추천해 드립니다.

◈ 마케팅과 브랜딩 아는 만큼 보인다

작년에 『하루 10분 마케팅 습관』을 출간하고 많은 독자분이 도움을 받았다는 말씀을 전해 주었습니다. 이 기회를 빌려 『하루 10분 마케팅 습관』을 읽어 주셔서 감사의 말씀드립니다.

책 출간 이후 독자분들과 독서클럽, 강의, 북토크 등에서 마케팅과 브랜딩 고민에 관해 이야기를 나누었습니다. 때로는 온라인에서 때로는 오프라인에서 조언을 드리거나 경험을 말씀드렸습니다. 좋은 인연이 되어 진행하는 비즈니스의 마케팅, 브랜딩을 저와 함께하는 분들도 있습니다.

'시간이 갈수록 흑상어쌤이 저희 손을 잡아 주지 않았더라면 어땠을까'라는 생각을 하게 됩니다. 앞으로 더 공부하고 멘탈 잡아야겠습니다.

1인 기업, 스타트업, 자영업, 소기업 등 상대적으로 소규모 비즈니스 하는 분들과 말씀을 나누면서 느낀 점 중 하나는 마케팅과 브랜딩의 전체 큰 그림을 그리고 방향을 잡는 것보다 상대적으로 낮은 단계의 노하우와 팁에 관해 더 많이 고민한다는 것이었습니다.

예를 들면 소셜미디어 프로필 작성 방법, 릴스 제작 방법, 카피라이팅 방법, 검색 포털 상위 노출 방법 등에 대한 고민이 더 크고 많은 시간, 노력 그리고 비용을 투자하고 있다는 것입니다. 마케팅과 브랜딩의 방향과 전략을 고민하기보다 인스타그램에 올릴 콘텐츠 제작 방법 등에 더 오랜 시간과 노력, 비용을 투자하는 이유를 세 가지로 생각해 봤습니다.

첫째는 마케팅, 브랜딩 등의 필요성과 중요성을 알지만, 현실적인 이유로 당장 눈에 보이고 도움이 된다고 생각하는 것에 관심이 가기 때문입니다. 둘째는 마케팅, 브랜딩은 전문가 또는 상대적으로 규모가 큰 기업들의 영역이고 내가 할 수 없거나 내가 하는 일과는 관계가 없거나 지금 내게 중요한 것이 아니라고 생각하기 때문입니다. 셋째는 마케팅과 브랜딩이 무엇인지 잘 모르기 때문에 어디서부터 어떻게 공부해야 하는지도 모르고 가르쳐 주는 사람도 없기 때문입니다.

세 가지 이유에 해당하지 않더라도 "당장 내일 어떻게 될지도 모르는데 마케팅이 뭐고 브랜딩이 대수냐?"라며 여유로운 소리를 한다고 생각하는 분도 있을 수 있습니다.

하루하루가 생존의 연속이고 치열한 경쟁 속에서 비즈니스를 유지하기 힘들어 죽겠다는 사람에게 마케팅, 브랜딩 같은 이야기는 듣기 좋고 겉만 번지르르한 세월 좋은 소리라고 생각하는 것도 이해합니다.

그러나 마음속으로는 이해를 하면서도 한 가지 생각이 제 머릿속을 떠나지 않았습니다.

'언제까지 이렇게 유지할 수 있을까?'

마케팅과 브랜딩은 기업의 경영 과정 전반에 영향을 끼치는 핵심 분야입니다. 상품을 만드는 것부터 상품을 판매하고 고객과 긍정적 관계를 맺는 것까지의 모든 활동이 마케팅과 브랜딩의 영역입니다. 시장 조사, 소비자 분석, 디자인, 네이밍, 유통, 커머스, 고객관리 등이 모두 마케팅과 브랜딩 영역입니다. 간단히 말하면 마케팅과 브랜딩은 기업이 돈을 버는 과정, 그 자체입니다.

마케팅과 브랜딩을 단순히 유튜브나 인스타그램에 영상이나 이미지를 올리거나 블로그에 글을 써서 노출을 잘 되게 하는 것만으로 이해하는 경우가 있습니다. 하지만 상품 또는 서비스의 사진을 촬영하고 인스타그램에 올리고 고객에게 후기 요청을 하는 것도 모두 마케팅과 브랜딩 활동 중 일부입니다.

따라서 마케팅과 브랜딩이 무엇인지에 대해 더 많이 배우고 활용할수록 지금 하는 마케팅과 브랜딩 활동에 날개를 달아 줄 것입니다. 한마디로 제대로 알고 더 잘 활용할 수 있다는 뜻입니다.

만약 '장사는 모르지만, 라면 하나는 맛있게 잘 끓인다'라는 생각으로 동네 분식점을 시작했다고 가정해 보겠습니다. 과연 라면 하나 끓일 줄 아는 것으로 분식점 장사가 잘될 수 있을까요? 이미 그 동네에는 자리 잡은 분식집과 프랜차이즈들이 있는데 말입니다.

라면을 맛있게 잘 끓일 수 있다면, 누구나 쉽게 가격과 맛을 비교할 수 있는 분식집이 아닌 '세계 라면 전문점, ○○○'이라는 브랜드를 만드는 것이 어떨까요? 여러 나라의 다양한 라면을 자신만의 레시피로 맛있게 만들어 준다면, 다른 분식점과 차별점을 만들고 더 높은 가격을 받을 수 있으며 자신만의 비즈니스 영역을 만드는 방법 아닐까요?

소규모 비즈니스라도 마케팅과 브랜딩의 방향을 잡고 작은 타깃을 향해 집중할 때 기존의 강자들과의 경쟁을 피하고 자신만의 영역을 만들 수 있게 됩니다. 그 결과 자신만의 고객이 생기고 팬이 되고 고정 매출이 생기게 됩니다.

마케팅과 브랜딩은 전문가의 영역이나 규모가 큰 기업만의 활동이 아닙니다. 소규모 비즈니스가 생존하기 위해 반드시 알고 있어야 할 생존 지식이고 돈과 직접적으로 연관된 활동입니다.

한마디로 마케팅과 브랜딩을 모르고 그냥 하는 것보다 제대로 배우고 활용할 수 있다면 지금 하는 비즈니스를 더 오래 유지하고 더 크게 성장시킬 수 있습니다.

◈ 브랜딩하지 않고 오래갈 수 없습니다

브랜딩이라고 하면 누구나 이름만 들으면 알법한 대기업의 이야기라고 생각할 수도 있습니다. 1인 기업이나 소규모 비즈니스에 무슨 브랜딩 같은 것을 할 여유가 있냐며 뜬구름 잡는 소리라고 생각할 수도 있습니다.

하지만 비즈니스의 규모가 다르다고 브랜딩의 필요성이 달라지는 것은 아닙니다.

간단히 예를 들면 어느 주말 친한 지인 가족이 내가 사는 동네에 놀러 오면서 추천할 만한 '맛집'이 어디인지 물었다고 가정하겠습니다. 그때 가장 먼저 떠오르는 식당이 있을 것입니다.

물어본 사람의 취향, 인원수, 방문 이유, 시간을 고려할 때 동네의 여러 식당 중에서도 어느 한 곳이 가장 먼저 머릿속에 떠오를 것입니다. 맛이 좋은 것은 물론이고 다녀온 사람들의 평판도 좋은 것은 기본입니다.

맛 좋고 평판 좋은 식당 중에서도 특정 식당의 이름이 가장 먼저 떠오르는 이유는 무엇일까요?

보통은 내가 그 식당을 이용하고 다른 사람에게 추천할 정도의 만족한 경험을 했거나 직접 경험하지 않았더라도 다른 사람들에게 좋은 평판을 들어 봤기 때문일 것입니다. 한마디로 내 머릿속에 '맛집'이라는 인식이 자리 잡았기 때문입니다.

브랜딩은 특정 분야에서 타깃 소비자의 머릿속에 내가 하는 비즈니스를 떠올렸을 때 다른 사람이나 경쟁사가 아닌 나와 내 비즈니스가 가장 먼저 긍정적 이미지로 떠오르게 하는 모든 활동입니다.

요컨대 소규모 비즈니스라고 할지라도 누군가의 머릿속에 떠오르지 않고서는 선택받을 수 없으므로 브랜딩이 필요한 것이며 브랜딩은 결국 소비자의 선택을 받고 매출을 올리기 위한 활동이라는 뜻입니다. 한마디로 브랜딩이 잘되는 비즈니스는 돈을 벌고 성장한다는 뜻입니다.

지금 여러분의 눈앞에 있는 상품의 브랜드를 보면 왜 브랜딩이 중요하고 필요한지 쉽게 알 수 있습니다. 왜 그 브랜드의 상품을 구매한 것인가요? 단순히 필요해서? 눈에 띄어서? 하지만 다른 브랜드의 상품도 많은데 왜 그 브랜드의 상품이었을까요?

지금 소비자 눈앞에 내 제품이나 서비스를 포함해서 비슷한 기능, 혜택, 가격을 제공하는 상품이나 서비스가 여러 개 있다면 과연 어떤 기준으로 상품이나 서비스를 선택할까요?

자신의 선택이 실패하지 않을 만한, 즉 항상 신뢰할 수 있고 일관된 경험을 제공하는 상품이나 서비스라고 인식하는 것을 선택합니다. 그리고 이것이 상품이나 서비스를 선택할 때 소비자의 머릿속에서 벌어지는 일입니다.

심지어 브랜딩이 잘되는 상품 또는 서비스는 가격이 조금 비싸고 불편하더라도 값싸고 편한 상품 또는 서비스보다 더 많은 선택을 받을 수 있습니다. 가격이 조금 비싸더라도 조금 불편하더라도 더 익숙하고 더 믿을 만하다고 느끼고 브랜드의 메시지에 공감하고 이미지를 소유할 수 있기 때문입니다.

같은 기능과 혜택을 제공하는 비슷한 두 가지 상품의 가격은 소비자가 인식하는 브랜드 가치의 차이만큼 다릅니다. 예를 들면 같은 공장에서 같은 품질로 생산하는 두 개의 의류 브랜드의 옷이라도 브랜드의 로고가 다르다는 이유 하나만으로도 가격은 수 배 이상 차이가 난다는 의미입니다.

한마디로 브랜딩은 소비자가 느끼는 가격의 심리적 저항을 제거하고 자사 브랜드의 상품이나 서비스를 경쟁 브랜드의 상품이나 서비스보다 더 높은 가격에 잘 파는 방법이라는 뜻입니다.

브랜딩이 잘되는 브랜드가 반드시 성공한다는 보장은 없습니다. 브랜딩은 비즈니스 성공의 여러 요소 중 하나일 뿐 비즈니스의 성공을 보장하는 것은 아니기 때문입니다. 하지만 성공하는 비즈니스는 브랜딩이 잘된 비즈니스이고 그렇지 않은 비즈니스보다 오래가는 것은 사실입니다. 우리가 수십 년째 소비하는 오래된 브랜드를 떠올려 보면 쉽게 이해가 될 것입니다.

일이 년 비즈니스하고 끝낼 것이 아니라면 브랜딩을 알아야 하고 잘해야 합니다. 오래된 브랜드가 여전히 브랜딩에 큰 비용, 노력, 시간을 투자하는 이유입니다.

◈ 내 생애 첫 브랜딩 책

『하루 10분 브랜딩 습관』은 브랜딩이라는 용어도 생소한 1인 사업자, 소규모 비즈니스, 스타트업, 예비 창업자 등을 위해 썼습니다. 이 책은 브랜딩을 한 번도 배워 보지 않았거나 브랜딩 관련 책을 한 권도 읽어 보지 않은 분에게 도움이 되는 책입니다.

브랜딩 공부를 시작하기 전에 이 책을 먼저 읽고 시작하면 좀 더 높은 수준의 브랜딩을 배우고 이해하는 데 도움이 될 것입니다. 그래서 브랜딩 공부를 위해 도움이 되는 책도 추천해 드립니다.

브랜딩 공부가 처음인 분들을 위해 쓴 책인 만큼 될 수 있으면 전문적인 용어를 사용하지 않고 풀어서 설명하려고 노력했습니다. 용어에서부터 브랜딩을 배우는 데 거부감을 느끼거나 어렵다고 생각하지 않게 하기 위함입니다. 이 책을 읽고 좀 더 높은 수준과 깊이의 책을 읽으면서 용어에 대한 공부를 같이 하면 좋겠습니다. 이를 돕기 위해 이 책의 마지막 부분에는 브랜딩 공부에 도움이 되는 용어의 설명을 추가했습니다.

이 책은 크게 3개 부분으로 구성되어 있습니다. Part 1과 Part 2는 브랜딩을 직접 실행하기 위해 꼭 필요한 브랜딩의 기본 개념과 기초지식을 설명하는 부분입니다. Part 3과 Part 4는 브랜딩을 어떻게 실행해야 하는지를 구조화하고 쉽게 이해할 수 있도록 제가 참여했던 소규모 비즈니스의 사례와 브랜딩 실행을 위한

3단계를 이야기하는 부분입니다. 마지막으로 Part 5와 Part 6은 브랜딩 활동을 습관으로 만들고 실행하는 구체적인 방법을 이야기하는 부분입니다.

이 책을 2주~3주 동안 총 3회 읽어 보고, 될 수 있으면 Part 1부터 순서대로 읽길 추천해 드립니다. 첫 번째 읽을 때는 이해가 안 되는 부분이 있더라도 빠르게 훑어 읽으면서 전체적인 구성과 내용을 파악하는 정도로 읽길 바랍니다. 두 번째 읽을 때는 밑줄이나 메모 등을 하며 첫 번째 읽을 때보다 천천히 읽으면서 모르는 부분은 찾아보고 이해해 가며 읽습니다. 마지막으로 읽을 때는 책에서 이야기한 것을 직접 실행하며 내가 필요한 부분만을 다시 읽으면 됩니다.

이 책을 읽는 가장 중요한 목적은 브랜딩이 무엇인지 이해하고 배워서 내 비즈니스 문제 해결 또는 성장에 활용하기 위함입니다. 문제 해결 또는 성장에 도움이 되려면 결국 실행해야 합니다. 실행 없는 독서는 아무런 변화를 만들지 못합니다.

"똑같은 일을 반복하면서 다른 결과를 기대하는 것은 미친 짓이다."

아인슈타인이 이렇게 말했다고 합니다.
한 권의 책에서 한 개의 메시지라도 한 번을 실행할 수 있다면 책을 읽은 가치는 충분하다고 생각합니다. 적어도 이 책을 끝까지 읽은 후에는 단 하나의 메시지라도 꼭 한 번 실행에 옮겨서 기존과 다른 결과를 만들 수 있길 바랍니다.

수백 톤의 커다란 배를 집어삼킬 듯한 거대한 파도의 시작은 작고 새로운 물결입니다. 『하루 10분 브랜딩 습관』이 비즈니스 성장을 위한 커다란 파도를 일으키는 작고 새로운 물결이 되길 바랍니다.

계획되지 않는 인생의 다음 챕터를 기다리며
마케팅 안경사 흑상어쌤

차례

PART 3

소규모 비즈니스 브랜딩 사례
문경장터 약돌며느리, 고요별서, 슬로우 필라테스

PART 4

소규모 비즈니스 브랜딩 3단계
브랜드 정체성, 브랜드 스토리텔링, 브랜드 경험

PART 5

하루 10분 브랜딩 습관 만들기
매일 조금씩 브랜딩 초보 탈출

PART 6

브랜딩 레벨업 플랜
실전! 브랜딩 전략과 실행 방법

DAILY BRANDING

PART 1

브랜딩이 뭐길래, 왜 브랜딩 인가?

소규모 비즈니스도
브랜딩이 필요한 이유

COMPANIONS

OMANC

Caution,

Bermu la

Flying saucer ove

NEWSPAP R

UFO

the New York

WSPAPER

NEWSPAP R

KILLER ible incident

파는 것이
브랜딩이다

"돈도 없고 바빠 죽겠는데 브랜딩할 여유가 어디 있어요?"

남성용 뷰티 제품을 만드는 브랜드의 제조 담당자가 한 이야기입니다.

브랜딩이라고 하면 TV 광고에 나오는 대기업의 멋진 이미지 광고를 떠올리기 쉽습니다. 브랜딩을 돈 많은 대기업 브랜드가 인지도를 높이기 위해 하는 비싸고 멋진 광고 정도로 생각하는 경우입니다.

"브랜딩? 로고 만드는 거 아니에요?"

예비 창업자가 프리랜서 플랫폼에서 브랜딩을 검색한 후에

하는 이야기입니다.

　브랜딩이라고 하면 브랜드를 구성하는 비주얼 요소 중 하나인 '로고 만드는 것'이라고 생각하는 예도 있습니다. 로고 하나를 만들었으니 브랜딩 작업은 끝났다고 생각하는 경우입니다.

　위의 두 가지 사례 모두 브랜딩에 대한 부족한 지식과 경험 그리고 오해에서 비롯된 이야기입니다. 브랜딩은 돈 많은 대기업이 하는 광고 또는 예쁜 로고를 만드는 것 정도로 생각하고 브랜딩에 대한 필요성이나 중요성을 이해하지 못하는 경우입니다. 브랜드와 브랜딩의 차이점도 헷갈려서 생기는 오해입니다.

　브랜딩에 관한 부족한 지식과 경험, 오해 때문에 브랜딩은 매출과 상관없다고 생각하게 되고 단기간에 매출에 도움이 된다는 일부 마케팅 활동에만 관심을 두게 되는 결과를 만듭니다.

　그래서 브랜딩이 무엇이냐를 이야기하기 전에 브랜딩을 왜 해야 하는지부터 이야기하고자 합니다.

　만약 지금 눈앞에 같은 모양의 같은 기능을 하는 두 개의 제품이 있다고 가정하겠습니다. 하나는 브랜드 로고가 없고 다른 하나는 내가 잘 알고 있는 익숙한 브랜드 로고가 있다고 생각하겠습니다. 두 개의 똑같은 제품 중 여러분은 어떤 제품을 선택할까요?

　아마도 내가 잘 알고 있고 익숙한 브랜드 로고가 있는 제품을 선택할 확률이 높을 것입니다.

이것이 만약 내가 항상 가는 백화점, 마트, 온라인 스토어에서 매번 벌어지고 있는 일이라면 어떨까요? 두 개의 제품을 판매하는 판매자의 매출은 큰 차이가 날 것입니다.

그렇다면 내가 잘 알고 있고 익숙한 브랜드 로고가 있는 제품을 선택한 이유는 무엇일까요?

'제품의 기능이 제대로 작동할지', '만약 제품에 문제가 있을 때 서비스는 제대로 받을 수 있을지', '다른 사람들도 같은 제품을 많이 이용하는지' 등 돈을 지불하고 이 제품을 선택한 결과가 실패하지 않을 것이라는 믿음을 주기 때문입니다.

바꿔 말하면 브랜드를 선택하는 기준은 바로 소비자가 직접 경험 또는 간접 경험에서 얻게 되는 긍정적 이미지와 신뢰의 크기라고 할 수 있습니다. 과거에 내가 경험했고 다른 사람들이 경험했던 것같이 이번에도 똑같을 것이라는 일관된 믿음입니다.

소비자에게 믿을 수 있는 일관된 경험을 하게 해주는 모든 활동이 바로 브랜딩입니다.

브랜딩의 결과는 구매라는 행동이고 구매라는 행동은 매출로 이어집니다. 한마디로 브랜딩은 소비자에게 일관되고 신뢰할 수 있는 브랜드 경험을 제공하여 가격 저항을 넘어선 매출을 만듭니다.

같은 기능과 혜택을 제공하는 다른 브랜드의 제품보다 비싸고 구하기 어려워도 어떻게든 내가 찾는 브랜드의 제품을 사는 이유입니다.

'호랑이는 죽어서 가죽을 남기고 사람은 죽어서 이름을 남긴다'라는 말이 있습니다. 브랜드로 바꿔서 말하면 '상품은 팔려서 브랜드를 남긴다'라고 할 수 있습니다. 팔리지 않으면 경험할 수 없고 경험할 수 없으면 기억할 수 없습니다.

한마디로 브랜딩은 오랫동안 잘 판매하기 위한 모든 활동입니다.

.

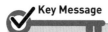 **Key Message**

> 브랜딩은 가격 저항을 넘어 상품 또는 서비스를 판매하는 방법입니다. 더 많이 팔릴수록 브랜딩이 더 잘됩니다. 팔리지 않으면 아무도 브랜드를 기억하지 못합니다. 파는 것이 브랜딩입니다.

일등만 기억하는
비즈니스 세상

◇◇◇◇◇◇◇◇◇◇◇◇◇◇◇◇◇◇◇◇◇◇◇

브랜딩이 잘 파는 것이라면 세일즈와 무슨 차이가 있는 건지 궁금한 분도 있을 것입니다.

세일즈는 간단히 말하면 특정한 욕망, 고민, 문제가 있는 고객에게 내 상품이나 서비스로 고객의 욕망, 고민, 문제를 해결해 주고 대가로 돈을 받는 것입니다. 브랜딩은 내가 상품이나 서비스를 먼저 세일즈하려고 하지 않아도 고객이 먼저 구매하고 싶게 만드는 것입니다. 한마디로 팔지 않아도 팔리게 만드는 것이 브랜딩입니다. 그래서 세일즈는 브랜딩의 결과이고 브랜딩은 세일즈의 목적이라고 할 수 있습니다.

더본 코리아의 백종원 대표가 출연한 방송 프로그램이 많습니다. 그중에서도 대중적으로 높은 인지와 신뢰를 쌓는 데 큰 도움이 된 프로그램 중 하나가 '골목식당'입니다. '골목식당'에서 백종원 대표의 컨설팅을 받고 유명해진 식당도 많습니다. 예를 들면 '포방터 홍탁집', '제주 연돈' 등이 있습니다.

'골목식당'에서 백종원 대표가 가장 많이 했던 조언 중 하나는 "메뉴를 줄여라"입니다.

메뉴를 줄여야 하는 이유는 관리, 비용, 일관된 퀄리티의 문제도 있지만, 식당의 강점을 한 가지로 만들어 손님들에게 '이 식당은 뭘 잘하는 식당'이라는 인식을 심어 주기 위함도 있습니다.

백종원 대표는 "간판만 바꿔도 매출이 늘어나고 간판은 두 번 바꾸는 것이다"라며 간판에 대한 그의 생각을 이렇게 이야기했습니다.

"예를 들어 짜장면을 잘하는 집이고 이름이 춘향이라면, 처음에는 '짜장면 잘하는 집(크게), 춘향(작게)'이라고 무엇을 잘하는 곳인지를 보여 주고 사람이 많아진 후에는 '춘향(크게), 짜장면 잘하는 집(작게)'이라고 바꿔야 합니다. 장사가 잘돼서 유명해지면 결국 내 상호만 살아남아요."

백종원 대표의 말에서 '상호'라는 것은 브랜드에 해당하고 짜장면 잘하는 집으로 유명해지는 과정은 브랜딩에 해당하는 것입니다. 동네에서 장사하는 곳이라고 하더라도 이처럼 브랜드와 브랜딩을 어떻게 인식하느냐에 따라 매출이 달라질 수 있다는 말입니다.

혹자는 '김밥천국' 같이 다수의 메뉴를 파는 식당도 있지 않냐고 할 수 있습니다. 여기는 한 가지 메뉴만을 알리는 곳이 아닌데 다르지 않으냐고 할 수 있습니다. 이것은 브랜드의 차별화와 포지셔닝의 문제입니다.

'김밥천국'은 특정 메뉴의 전문점을 지향하는 브랜드가 아니라 가성비 좋고 다양한 취향을 위한 패스트 분식점을 지향하는 브랜드이기 때문입니다. 따라서 김밥천국은 오히려 시즌마다 신메뉴가 나왔다는 것을 알리는 것이 김밥천국을 좋아하는 소비자의 인식과 공감대를 만드는 방법입니다.

소규모 비즈니스라도 '무엇으로 우리 브랜드를 기억하게 할 것인가?'라는 질문에 대한 답을 하는 과정이 필요합니다.

간단한 예로 동네에서 장사하더라도 '수선 잘하는 집', '동태찌개 맛있는 집', '채소가 신선한 집' 등 소비자의 기억 속에 한 가지로 기억되어야 합니다. 소비자의 기억 속에 가장 먼저 떠오르는 곳과 아닌 곳의 차이는 가게를 찾는 손님의 수와 매출로 비교됩니다. 바꿔 말하면 내가 가진 강점이 소비자의 인식 속에 일등으로 기억된다면 브랜딩을 잘하는 것이고 매출도 늘 것이라는 뜻입니다.

1969년 7월 20일 아폴로 11호를 타고 인류 최초로 달에 첫 발걸음을 내디딘 사람은 '닐 암스트롱'입니다. 전 세계에서 TV 중계를 통해 달 착륙 장면을 봤습니다.

"한 인간에게는 작은 발걸음이지만
인류에게는 위대한 도약이다."

닐 암스트롱이 남긴 말은 지금도 거대한 도전을 위한 작은 시작을 비유할 때 자주 인용되고 있습니다.

당시 아폴로 11호에 타고 있던 사람은 닐 암스트롱 혼자가 아니었습니다. 사령선 조종사 마이클 콜린스, 착륙선 조종사 버즈 올드린이 함께 타고 있었습니다. 그러나 이들의 이름을 기억하는 사람은 많지 않습니다. 이들이 남긴 말도 찾기 힘듭니다.

같은 시간 동안 같이 훈련받고 함께 달에 갔지만 마이클 콜린스와 버즈 올드린의 인지도와 닐 암스트롱의 인지도는 그야말로 천지 차이입니다.

비즈니스의 세계도 마찬가지입니다. 두 개의 서로 다른 브랜드가 같은 업종에서 같은 시간 동안 같은 비즈니스를 운영했다고 하더라도 인지도와 매출은 큰 차이가 납니다.

사람들이 먼저 기억하는 브랜드가 어떤 브랜드냐에 따라 매출의 차이는 기억의 차이 이상으로 벌어진다는 점을 꼭 기억하면 좋겠습니다.

Key Message

더 유명한 것, 더 많이 기억하는 것이 더 잘 팔립니다. 브랜딩은
더 잘 기억되게 하고 더 오래 기억하게 하는 방법입니다.

03

왜 지금
브랜딩인가?

왜 지금 브랜딩이 과거보다 더욱 중요해진 것일까요?

그 이유는 품질의 상향평준화와 상품의 과잉 공급으로 소비자의 선택이 점점 더 힘들어지고 있기 때문입니다. 너무 많은 상품 속에서 무엇이 내가 원하는 것을 해결해 줄 수 있는 최고의 선택인지를 판단하기 어렵기 때문입니다.

좋은 제품을 만들었다고만 해서 그 브랜드의 비즈니스가 성공하는 것은 아니라는 뜻입니다.

간단한 예로 대중적으로 잘 알려지지 않은 전국의 숨겨진 맛집의 수는 방송 등을 통해 잘 알려진 맛집의 수보다 훨씬 더 많을 것입니다. 많은 사람이 잘 모르고 있는 숨겨진 맛집이라고 해서 음식의 품질이나 맛이 잘 알려진 맛집보다 못하다고는 말할 수 없습니다.

다만, 음식의 품질이나 맛을 떠나 아는 사람이 별로 없는 숨겨진 맛집보다 널리 잘 알려진 맛집의 매출이 더 높으리라는 것은 누구나 쉽게 판단할 수 있습니다. 따라서 음식이 맛있다는 이유만으로 비즈니스가 성공하는 것은 아니라는 의미입니다.

소비자의 브랜드 기억력은 과거보다 더 좋아지지 않았음에도 불구하고 브랜드는 계속 늘어나다 보니 더 많은 브랜드를 기억하려고 노력하기보다는 가장 먼저 떠오르는 브랜드를 선택하게 됩니다.

바꿔 말하면 기억되지 않는 브랜드는 선택되지 않는다고 할 수 있습니다. 결국 수많은 브랜드 중 소비자의 인식 속에 몇 번째로 기억되느냐가 매출과 직결되는 중요한 문제이고 소비자의 인식 속 사다리에서 더 높은 위치로 올라가기 위해 브랜딩이 필요하고 중요하다는 의미입니다.

개인에게 브랜딩이 중요해진 이유는 기술의 발전에 따른 시대의 변화에서 찾을 수 있습니다. 과거에는 여러 사람이 같은 공간에 모여 각자 맡은 역할을 하고 하나의 결과물을 만드는 것에 익숙했습니다.

하지만 코로나를 겪고 AI 기술이 발전함에 따라 반드시 여러 사람이 같은 공간에서 일하지 않더라도 혼자서도 기술의 도움을 받아 과거보다 더 빠르고 쉽게 여러 사람이 함께 만든 것과 같은 결과물을 만들 수 있게 되었습니다. 혼자서 할 수 있는 일의 양이 늘어나고 퀄리티가 높아졌다는 뜻입니다.

조직이 세분화되고 개인화되고 있다는 의미입니다. 한 가지 전문성에 더해진 새로운 지식과 경험의 확장은 개인의 경쟁력으로 평가되고 이는 곧 수익과도 연결되는 시대가 되었습니다.

소셜미디어, 온라인 커머스 등 다양한 온라인 비즈니스로 성공한 개인들이 등장하면서 개인 스스로가 브랜드가 되고 비즈니스가 되는 시대가 되었습니다. 전문가 도움을 받지 않더라도 다양한 서비스를 활용해서 전문가 못지않은 결과물을 만들 수 있게 되었습니다. 바꿔 말하면 개인이 한 분야에서 전문성을 기반으로 인지도를 쌓고 신뢰가 생긴다면 웬만한 기업 못지않은 수익을 만들 수 있는 시대가 되었다는 의미입니다.

요컨대 앞으로의 시대는 소규모 비즈니스뿐만 아니라 개인도 일정 수준의 상품 퀄리티가 보장이 된다는 전제하에 누가 더 브랜딩을 꾸준히 일관성 있게 잘하느냐가 수익의 차이를 만들고 그 격차를 더욱 크게 벌릴 것입니다.

한마디로 이름값이 수익이 된다는 의미입니다.

과거에는 상품의 품질이 경쟁자와의 차이를 만들고 신규 도전자의 진입장벽이 되었다면 이제는 '누가 더 많이 기억되나, 어떻게 기억되나'라는 것이 경쟁자와의 차이를 만들고 신규 도전자의 진입장벽이 될 것입니다.

앞으로 브랜딩에 관한 관심은 더욱 커질 것이고 그것은 소규모 비즈니스뿐만 아니라 평소에 브랜딩과 전혀 관계없다고 생각했던 개인에게도 수익의 차이를 만드는 중요한 요소가 될 것입니다.

한마디로 '브랜딩이 돈이 되는 시대'가 되었다는 뜻입니다.

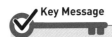

Key Message

내가 누구를 기억하느냐보다 누가 나를 기억하느냐가 돈이 되는 시대입니다. 브랜드뿐만 아니라 개인도 마찬가지입니다. 경쟁자보다 더 많은 사람이 특정 분야에서 나를 먼저 떠올린다면 경쟁자와의 매출의 격차는 따라 올 수 없을 만큼 벌어질 수 있습니다.

04

쌓이는 것의 힘,
브랜딩 복리 효과

작년에 출간한 『하루 10분 마케팅 습관』에서 습관의 중요성을 이야기하며 마케팅 습관의 결과는 복리로 돌아온다는 말씀을 드렸습니다.

이번에는 복리라는 것을 가장 잘 설명할 수 있는 것이 브랜딩이라고 말씀드립니다.

누군가가 어떤 사람인지 알 수 있는 가장 좋은 방법은 바로 그 사람의 행동을 지켜보는 것입니다.

예를 들어 "나 요즘 다이어트 중이야"라는 말을 지난주도 오늘도 무한 리필 고깃집에서 세 번째 공깃밥을 주문하면서 한다면 과연 그 사람이 살을 빼고 있는 사람이라는 말을 쉽게 믿을 수가 있을까요?

앞으로 그 사람이 어떤 말을 하더라도 웃어넘길 뿐 진심이라고 생각하기 힘들 것입니다.

브랜딩도 마찬가지입니다. 우리 브랜드는 고객의 건강을 진심으로 생각하는 제품을 만든다고 광고하면서 값싸고 품질 낮은 제품을 제공한다면 어떻게 믿을 수 있을까요?

앞으로 이 브랜드가 어떤 제품을 내놓아도 선뜻 구매하기 힘들 것입니다.

누군가를 믿고 그 사람의 이야기를 경청하는 것과 브랜드를 믿고 구매한다는 것은 이야기한 메시지와 전달하는 이미지가 실제로 보여 주는 행동과 일치한다는 의미입니다. 즉, 말과 행동이 일치하기 때문에 신뢰할 수 있다는 뜻입니다.

예를 들어 세계적인 친환경 패션 브랜드 '파타고니아'가 만약 내년부터 친환경이라는 방향성을 버리고 가성비 좋은 저가 원료로 제품을 만들기 시작한다면 기존의 구매자는 어떤 생각과 행동을 할까요?

아마도 큰 배신감과 실망감에 다시는 '파타고니아' 제품을 구매하지 않는 것을 넘어서 불매 운동을 펼칠 가능성도 있습니다. 단순히 제품이 좋다는 이유뿐만 아니라 자신이 환경에 대한 사회적 책임과 윤리적 소비를 지지한다는 생각과 이미지를 가지고 싶어 했던 소비자일수록 더 큰 분노를 느낄 것입니다.

'파타고니아'는 1973년 설립 이후 50년 동안 환경 문제에 대한 고민과 환경 위기를 해결하기 위한 노력을 해온 브랜드입니다. 수십 년을 일관성 있게 브랜드의 비전과 메시지를 지켜 왔기 때문에 '세계적인 친환경 브랜드'라는 명성과 평판을 얻게 되었습니다. 그리고 비즈니스를 유지해 온 시간만큼 많은 팬을 만들게 되었습니다.

새로운 제품이 출시되면 굳이 파타고니아가 어떤 브랜드이고 무엇을 지향하는지를 강조하지 않아도 소비자는 이미 잘 알고 있고 자신이 필요하거나 원하는 제품을 구매합니다.

브랜딩의 복리 효과를 다른 말로 표현하면 국내 모 브랜드의 CM 송 가사로 대신할 수 있습니다.

"말하지 않아도 알아요.
눈빛만 보아도 알아요.
그냥 바라보면 마음속에 있다는 걸~"

'말하지 않아도 안다'라는 표현만큼 쉽고 단순하게 이해한다는 걸, 믿는다는 걸 잘 표현하는 문장이 선뜻 생각나지 않습니다. '말하지 않아도 안다'라는 표현은 공감을 만들고 뇌리에 딱 꽂히는 표현입니다.

브랜딩의 복리 효과는 바로 '말하지 않아도 될 정도로 브랜드를 신뢰한다는 것'에서 나타납니다. 항상 같은 제품을 구매해도 항상 같은 경험을 할 수 있게 해주고 새로운 제품이 나와도 기존과 같이 믿을 수 있을 것이라는 기대감을 줍니다.

기대감을 충족해 주는 브랜드에 대한 고객의 신뢰는 전염성이 있어서 아직 브랜드를 경험하지 못했던 새로운 소비자에게 전파됩니다. 그렇게 신규 고객이 생기고 단골을 넘어 팬이 되기도 합니다. 이것이 말하지 않아도 알 수 있는 브랜딩의 복리 효과입니다.

브랜드의 메시지와 이미지가 일관성 있게 행동으로 보여지는 시간이 쌓일수록 애써 팔려고 하지 않아도 소비자가 먼저 고객이 되고 새로운 소비자를 참여하게 합니다. 브랜딩 복리 효과의 결과는 더 장기적이고 더 큰 매출로 돌아옵니다.

여담입니다만, 우리나라 최초의 초코파이는 1974년에 첫 출시되었습니다. 약 50년 동안 꾸준히 사랑받아 오면서 이제는 우리나라뿐만 아니라 여러 나라에서도 사랑받는 브랜드가 되었습니다.

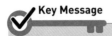

Key Message

브랜딩은 하루, 이틀 또는 한두 번의 행동으로 만들어지지 않습니다. 유튜브 영상 등이 브랜딩의 시간을 단축할 수는 있습니다만 사람들이 누군가를 믿고 신뢰하는 것에 걸리는 시간은 유튜브 이전보다 그리 단축되지 않았습니다.

05

브랜딩 기초지식
레벨 테스트

◇◇◇◇◇◇◇◇◇◇◇◇◇◇◇◇◇◇◇◇◇◇◇◇

브랜드와 브랜딩에 대해 본격적으로 배우기 전에 우선 브랜드와 브랜딩에 대해 얼마나 알고 있는지 간단한 기초지식 레벨 테스트를 해보겠습니다.

아래 20가지 문항을 읽어 보면서 지금 내가 아는 것과 모르는 것을 파악하고 앞으로 브랜드와 브랜딩에 대해 무엇을 배워야 할지 파악해 보면 좋겠습니다. 시험을 보는 것도 경쟁하는 것도 아니기에 최대한 솔직하게 스스로 질문해 보길 추천해 드립니다.

번호	문항	점수 (그렇다 3점, 보통이다 2점, 아니다 1점)
1	브랜드를 한마디로 다른 사람에게 설명할 수 있다	
2	브랜딩을 한마디로 다른 사람에게 설명할 수 있다	
3	나만의 브랜딩 정의가 있다	
4	마케팅과 브랜딩의 차이점을 구분할 수 있다	
5	고객이 누구인지 구체적으로 표현할 수 있다	
6	브랜드의 로고, 슬로건, 브랜드 스토리가 있다	
7	브랜드의 가치, 비전, 미션, 목적 등이 정리되어 있다	
8	브랜드를 표현하는 핵심 키워드가 명확하다	
9	브랜드를 시작한 동기와 배경을 설명할 수 있다	
10	매일, 매주, 매월 구체적인 브랜딩 활동이 있다	
11	브랜딩을 배우기 위해 강의를 들은 적이 1회 이상 있다	
12	브랜딩을 배우기 위해 책을 읽은 적이 1권 이상 있다	
13	브랜딩을 잘하는 브랜드 이름을 5개 이상 말할 수 있다	
14	브랜딩을 잘하는 개인의 이름을 5명 이상 말할 수 있다	
15	브랜딩을 잘한다는 것이 무엇인지 설명할 수 있다	
16	브랜딩이 왜 필요하고 중요한지 설명할 수 있다	
17	브랜딩을 위한 별도의 예산을 투자하고 있다	
18	브랜드를 경험한 고객에게 듣고 싶은 말이 명확하다	
19	고객의 후기를 수집하고 반영하고 있다	
20	경쟁 브랜드와의 차별점이 명확하고 설명할 수 있다	

20가지의 질문에 답을 해보면서 무슨 생각이 들었는지요?

아마 브랜드와 브랜딩에 대해 내가 아는 것이 많지 않다는 생각이 들었을 것입니다. 브랜드라고 하면 흔히 로고, 상표 정도로 생각하고 브랜딩이라고 하면 TV 속 유명 기업의 이야기라고 생각했었다면 더욱 모르는 것이 많다고 생각했을 겁니다.

아래 총점에 따른 레벨은 참고용으로 보면 됩니다. 브랜딩 기초지식 레벨 테스트의 가장 중요한 목적은 자가 진단입니다. 몇 점이 중요한 것이 아니라 스스로 질문에 답을 하는 과정에서 무엇을 알고 모르는지를 아는 것이 중요합니다. 무엇을 알고 모르는지를 알아야 앞으로 무엇을 배워야 할지 알기 때문입니다.

총점	단계	추천 활동
20점 ~ 40점	기초 개념 단계	브랜드와 브랜딩의 기본 개념 이해하기 브랜딩 관련 강의, 영상, 책으로 기초지식 쌓기 일상생활에서 접하는 브랜드, 브랜딩 관찰하기
40점 ~ 50점	기초 이해 단계	브랜드 정체성과 포지셔닝에 공부하기 구체적, 정기적 브랜딩 활동 정의하기 성공적인 브랜딩 사례 벤치마킹 하기
50점 ~ 60점	실무 적용 단계	브랜딩 전략 수립 방법을 배우고 적용하기 브랜드 고객 경험을 조사하고 반영하기 브랜딩 성과 분석과 개선하기

부담 없이 테스트 결과를 확인해 보고 다음 장에서부터 본격적으로 말씀드리는 브랜드와 브랜딩에 대해 주의를 기울여 읽어 보길 추천해 드립니다.

Key Message

기초 지식 레벨테스트를 통해 브랜드와 브랜딩에 대해 내가 아는 것과 모르는 것을 확인해 보기 바랍니다.

DAILY BRANDING

PART 2

바쁘지만
브랜딩을
배우고
싶다면

브랜딩 초보 탈출을 위한
기본 지식

GOOD NEWS

EXTRA! EXTRA!

COMPANIONS
Caution, A
OMANC
Bermı
saucer ove
UFO OVER
the NEW YOR
NEWSPAPER
NEWSPAP
KILLER
ible incident

브랜드와
브랜딩이란?

브랜드는 무엇이고 브랜딩은 무엇일까요?
사전적 의미부터 알아보겠습니다.

브랜드(brand)
사업자가 자기 상품에 대하여 경쟁업체의 것과 구별하는 지각된 이미지와 경험의 집합, 어떤 상품이나 회사를 표현하는 기호·문자·도형 따위의 일정한 표지

브랜딩(branding)
브랜드를 만들고 관리하는 과정으로, 소비자와의 관계를 구축

하고 브랜드의 가치를 전달하는 활동

사전적 의미를 좀 더 쉽게 풀어서 설명하면 브랜드는 '나와 경쟁사를 구분하는 표현 방법'이라고 할 수 있고 브랜딩은 '소비자와 긍정적 관계를 맺기 위해 브랜드를 관리하는 과정'이라고 할 수 있습니다.

요컨대 브랜드와 브랜딩의 사전적 의미를 한마디로 하면 '남들과 나를 차별화하고 물리적으로 정서적으로 소비자와 긍정적 관계를 맺는 과정'이라고 할 수 있습니다.

좀 더 브랜드와 브랜딩에 대한 이해를 돕기 위해 몇몇 브랜딩 전문가들이 이야기하는 브랜드와 브랜딩에 대해 살펴보겠습니다.

『그래서 브랜딩이 필요합니다』의 저자 전우성은 "브랜드라는 것은 자신을 대변하는 징표이자, 남들에게 자신의 존재를 알리고 남들과 자신을 구분 짓게 하는 이름표이자 상징과도 같다"라고 했습니다. 또 그는 "브랜드와 달리 브랜딩은 브랜드에 'ing'가 붙은 진행형이다. 즉, 이름이자 심벌과도 같은 그 브랜드답게 만들어 가는 모든 과정이다" 하고 했습니다.

『우리는 왜 본질을 잊는가: 브랜딩의 기술』의 저자 세키노 요시키는 "외부로부터 좋은 평가를 얻기 위해 자신들이 소중하게 여기는 생각이나 사고방식을 상대방(고객)에게 전달하고 좋은 이미지를 얻기 위해 노력하는 활동이 브랜딩이다"라고 했습니다. 덧붙여 "고객이 브랜드에 대해 '스스로 좋은 이미지를 느낀다'는 점이 중요한 것이다"라고 했습니다.

『무엇이 브랜딩인가』의 저자 매튜 힐리는 "브랜드라는 용어는 고객의 마음속에 깊은 인상을 남기는 제품의 속성들을 통칭하는 데 쓰인다"며 "브랜딩은 제품이나 서비스가 약속하고 의미하는 바를 규정하기 위해 생산자와 고객 간에 벌어지는 지속적인 힘겨루기 과정이다"라고 했습니다.

전문가들마다 각자가 정의하는 브랜드와 브랜딩의 표현에 차이가 있습니다. 그럼에도 불구하고 사전적 의미와 브랜딩 전문가들의 이야기를 종합해 볼 때 브랜드와 브랜딩을 표현하는 공통점이 있습니다.

첫째, 대상이 있습니다.

브랜드는 경쟁사와 나를 차별화하는 방법입니다. 브랜딩은 소비자와 긍정적 관계를 맺는 과정입니다. 즉 브랜드와 브랜딩은 최종적으로 소비자를 대상으로 합니다.

바꿔 말하면 소비자 앞에 놓인 여러 선택지 중 내가 선택받기 위해 하는 모든 활동이라고 할 수 있습니다. 따라서 내가 어떤 브랜드인가와 함께 그 대상이 누구냐에 대한 것도 잘 이해하고 있어야 한다는 뜻입니다.

예를 들어 50대 이상의 중년을 대상으로 한 안경 브랜드가 요즘 MZ세대가 좋아하는 스타일의 마케팅과 브랜딩을 한다고 가정해 보겠습니다. 아마도 중년 타깃뿐만 아니라 MZ세대에게도 공감받기 어려울 것입니다.

먼저 내가 어떤 브랜드인지 스스로를 이해하고 누구를 대상으로 하는지를 이해할 때 브랜드와 소비자의 접점과 공감대가 만들어질 수 있습니다. 남녀가 처음 연애를 시작할 때 상대와의 공감대를 찾기 위해 자신을 소개하며 상대방의 취미나 관심사를 묻는 것을 떠올려 보면 좀 더 쉽게 이해가 될 것입니다.

둘째, 차별화입니다.

브랜드(brand)의 어원은 노르웨이의 고어인 'brandr'로 '불, 횃불' 등의 의미라고 합니다. 과거 방목이나 공동 농장을 통해 가축들을 길렀는데, 소유권을 표시하기 위해 불에 달궈진 쇠막대를 사용해 소나 양의 엉덩이 쪽에 낙인을 찍은 것에서 시작되었다고 합니다.

브랜드의 시작이 내 것과 남의 것을 구분하기 위함이고 지금은 불에 달궈진 낙인이 아닌 로고 등이 대신하고 있습니다. 따라서 브랜드와 브랜딩은 소비자가 경쟁사의 브랜드가 아닌 나의 브랜드를 더욱 긍정적으로 강하게 인식하게 하기 위한 활동이 되어야 합니다.

로고 하나만 지우면 소비자가 어느 브랜드의 제품인지 구분할 수 없어서는 제대로 된 브랜딩을 하고 있다고 말하기 어렵습니다. 그래서 많은 브랜드가 로고, 슬로건뿐만 아니라 폰트, 색상, 송(song) 등 다양한 요소들을 활용해 브랜드를 구분할 수 있게 노력합니다. 또한 비전, 미션, 가치, 메시지, 스토리, 영상, 이미지 등을 표현하는 다양한 활동으로 경쟁사와 차별화하고 타깃 소비자와 공감을 만들고자 노력하는 것입니다.

선행을 할 때는 오른손이 하는 것을 왼손이 모르게 해야 하는 것이라면, 브랜딩을 할 때는 어느 손이 하더라도 모든 손이 알게 해야 합니다. 지금 하는 브랜딩의 결과가 다른 브랜드와 차이점을 만들고 우리 브랜드를 기억하게 하는 것이 아니라면 브랜딩은 점검하고 개선해야 할 때입니다.

셋째, 긍정적 인식

가끔 무명의 연예인이 아무도 자신을 알아보지 못했던 시절을 떠올리며 농담으로 "아무런 관심이 없는 것보다 부정적 관심이라도 있었으면 했었다"라고 이야기하는 경우가 있습니다.

브랜딩의 이상적 결과는 소비자의 인식 속에 브랜드에 대한 긍정적 이미지를 심어 브랜드가 너무 좋은 나머지 가격을 구매 여부의 중요한 기준으로 삼지 않고 브랜드만 보고도 구매할 수 있게 되는 것입니다. 판매를 위한 특별한 세일즈나 판촉 활동이 불필요한 상황입니다.

반대로 어떤 이유에서라도 브랜드에 대한 부정적 인식이 한번 생긴 후 그것을 다시 긍정적으로 바꾸는 것은 무척이나 어려운 일입니다. 브랜드에 아무 관심 없던 소비자의 인식을 긍정적으로 만드는 것보다 훨씬 더 어려운 일입니다.

간단한 예로 가족들과 주말 외식을 위해 평소 동네에서 맛있다고 소문난 고깃집에 갔다고 가정하겠습니다. 기분 좋게 삼겹살을 먹으러 갔는데 식당에서 내준 삼겹살이 살보다 비계가 훨씬 더 많은 '논란의 비계 삼겹살'이었습니다. 불쾌한 기분을 참고 정중하게 교환을 요구했음에도 마치 우리 가족이 다른 사람들과 달리 별거 아닌 일로 까다롭게 구는 손님처럼 응대했다면 어떨까요?

다음에는 아무리 삼겹살이 먹고 싶어도 다시는 그 식당에 가지 않을뿐더러 혹시라도 그 식당에 대해 궁금해하는 누군가 있다면 절대로 추천하지 않을 것입니다. 최소한 사장님이 바뀌기 전까지는 말입니다.

혹시 누군가 우리 가족이 다시 고깃집에 기분 좋게 방문하게할 수 있는 방법이 있다고 하더라도 군이 그 고깃집을 재방문해야 할 이유가 있을까요? 고깃집은 거기 말고도 얼마든지 있는데 말입니다.

바꿔 말하면 우리 브랜드 외에 다른 대안이 없는 유일한 것이 아니라면 소비자 관점에서 한번 부정적 경험을 한 후에는 우리 브랜드를 다시 찾지 않으면 그만인 것입니다. 식당이 맛이 없고 불친절하고 마음에 안 들면 그것을 굳이 고치고 도우려고 하는 것이 아니라 안 가면 그만인 것입니다.

개인적으로 맛집으로 소문나서 손님이 많은 곳이라도 불친절한 곳은 다시 방문하지 않습니다. 단지 맛집으로 소문나서 손님이 많은 곳이라는 이유로 제 돈을 내고 제 시간을 내서 소중한 사람과 함께 하는 식사 시간을 불쾌하게 보내고 싶지 않기 때문입니다. 얼마든지 맛있고 친절한 식당이 많은데 굳이 그런 대접을 받으면서 참고 있을 이유가 없기 때문입니다.

"(장사가 좀 잘된다고) 배불렀구만!"

장사가 잘되기 시작하자 초심을 잃고 처음과 달리 손님을 대하는 태도가 달라지거나 상품이나 서비스의 퀄리티가 낮아질 때 하는 이야기입니다.

소비자가 브랜드에 대해 부정적 인식을 할 수 있는 경험은 아무 관심이 없는 것보다 나쁜 것입니다. 한번 부정적 인식이 자리 잡으면 바꾸기가 쉽지 않습니다. 그러므로 브랜딩은 초심을 잃지 않고 일관성 있게 유지하는 것이 중요합니다.

브랜드와 브랜딩에 대한 사전적 정의와 전문가들의 정의를 통해 브랜드와 브랜딩이 무슨 뜻인지 조금 이해할 수 있게 되었습니다. 그리고 브랜드와 브랜딩을 설명하는 사람마다 각각의 설명은 달라도 '대상, 차별화, 긍정적 인식'이라는 세 가지 브랜드와 브랜딩의 공통점도 함께 기억하기 바랍니다.

Key Message

브랜드와 브랜딩이 무엇인지 이해하고 '대상, 차별화, 긍정적 인식'이라는 공통점을 기억하기 바랍니다.

나만의
브랜딩 정의

　무슨 일을 하더라도 가장 첫 번째 할 일은 '정의 내리기'입니다. 정의를 내린다는 것은 일의 핵심과 본질을 이해하고 방향성을 설정한다는 의미입니다.

　예를 들어 패션 브랜드 매장에서 의류를 판매하는 두 명이 있다고 가정하겠습니다. 한 명은 자기 일이 어떻게든 많이 팔고 매출을 올리는 것으로 생각하고 다른 한 명은 자기 일이 손님의 외모의 결점을 보완하고 장점을 살려 자존감을 올려 주는 것으로 정의하고 있다고 하겠습니다.

두 사람이 각각 자기 일을 어떻게 생각하고 정의하느냐에 따라 일하는 방식도 목표도 다를 것입니다. 판매라는 겉으로 보이는 행위는 같을지 모르나 손님을 대하는 태도, 말 그리고 매출의 결과까지 다를 것입니다.

첫 번째 사람에게 구매하는 손님은 그저 자신이 지급한 돈에 대한 상품의 가치만을 생각하겠지만 두 번째 사람에게 구매하는 손님은 자신이 돈을 내고 상품을 구매하는 사람임에도 불구하고 그 상품을 판매하는 사람에게 고마움을 느낄 것입니다.

두 사람의 차이는 판매 방식의 차이일 뿐, 같은 상품을 같은 가격에 판매한 것 아니냐고 생각할 수도 있습니다. 하지만 두 사람의 서로 다른 일의 정의는 장기적으로 '고객 생애 가치'에서 차이를 만들게 됩니다.

'고객 생애 가치(Customer lifetime value)'는 고객과 회사의 관계를 통해 회사가 얻을 수 있는 수익(또는 이익)의 가치를 말합니다. 소비자 한 명이 하나의 상품 혹은 기업의 고객으로 남아 있는 기간 동안 발생하는 수익의 총합계를 말하는 것입니다.

쉽게 말하면 첫 번째 사람에게 구매한 사람이 다시 그 사람에게 구매할 가능성보다 두 번째 사람에게 구매한 사람이 다시 그 사람에게 구매할 가능성이 더 크다는 것입니다. 왜냐하면 두 번째 사람에게 구매한 사람은 판매자에게 '고마움'이라는 심리적 혜택까지 받았기 때문입니다.

사람은 이성적으로 구매하지 않고 감성적으로 구매합니다. 상품의 가격을 보고 품질과 기능을 분석하여 구매를 결정하는 것으로 생각하지만, 실제로는 상품의 원가에 비해 판매 가격이 얼마나 적절한지 판단하지 못합니다. 좋아서, 예뻐서, 갖고 싶어서, 필요하다고 생각해서 구매하는 경우가 훨씬 더 많고 자신의 구매 이유를 스스로 설득하기 위해 따져 보고 샀다고 생각하는 것입니다.

요컨대 의류를 구매하는 손님 관점에서는 자신을 매출의 숫자로 보는 첫 번째 사람이 아닌 자신이 왜 상품을 구매하는지 이해하고 도움을 주는 두 번째 사람에게 구매하게 될 가능성이 큽니다. 결국 장기적 관점에서 두 번째 사람이 자기 일을 정의한 것이 매출에도 영향을 미쳤다는 이야기입니다.

브랜딩도 마찬가지입니다. 브랜딩이란 로고를 만들어서 검색 포털에 제품명을 노출시키는 것이라고 정의하는 경우와 브랜딩이란 소비자에게 브랜드의 긍정적 경험과 인식을 심기 위한 모든 활동이라고 정의하는 경우의 결과는 다를 수밖에 없습니다. 결과에 이르는 과정이 다르고 출발점과 방향이 달랐기 때문입니다.

제가 정의하는 브랜딩은 "비즈니스의 비전을 달성하기 위한 끝없는 일관성의 과정"입니다. 풀어서 설명하면 왜 비즈니스를 시작했는지 처음의 마음을 잃지 않고 비전을 향한 한 가지 마음을 가지고 선한 마음으로 고객과의 관계를 만드는 것이라고 할 수 있습니다.

'왜 이 비즈니스를 시작했는지', '무엇을 위해 비즈니스를 유지하는지', '어떻게 비즈니스를 운영하는지'라는 세 가지 질문의 답에 공감하는 소비자가 대상이 되는 것이고 그 대상에게 말과 행동이 일치하는 일관성을 유지하고 있느냐가 브랜딩을 평가하는 기준이 됩니다.

나만의 브랜딩을 정의하는 것은 내가 하는 비즈니스의 본질과 핵심이 무엇이고 어디를 향해 누구와 함께 가고 있는지를 명확하게 해줄 수 있습니다.

잠시 책 읽기를 멈추고 자신만의 브랜딩 정의를 한 문장으로 쓰고 왜 그 문장으로 정의했는지 다른 사람에게 설명한다고 생각하고 풀어서 써보길 바랍니다. 만약 문장을 만들기 어렵다면 아래 문장을 참고해서 써보길 추천해 드립니다.

"내가 정의하는 브랜딩은 ○○○(비즈니스로 이루고 싶은 이상적인

결과)이라는 비전을 향해 ○○○(핵심 타깃)와 같은 사람에게 ○○○
(전달하고 싶은 메시지)라는 이미지를 일관성 있게 경험하게 하는 것"

Key Message

나만의 브랜딩 정의를 써보기를 바랍니다. 직접 브랜딩 정의를
쓰면서 브랜드 비전, 타깃, 메시지를 정리하면 브랜드의 지향점
에 대해 좀 더 명확해집니다.

03

마케팅과
브랜딩의 차이점

마케팅과 브랜딩 두 가지는 평소에 자주 듣고 말하지만, 막상 서로의 차이점을 구별하기는 쉽지 않습니다.

혹자는 마케팅의 목적이나 결과가 브랜딩이라고 하기도 하고 사전적 의미로서 마케팅은 판매를 위한 활동, 브랜딩은 긍정적 인식을 위한 활동이라고 구분하기도 합니다. 또는 마케팅은 브랜딩의 일부로 브랜딩의 영역 속에 마케팅이 포함된 것이라고도 합니다.

이처럼 마케팅과 브랜딩의 차이점을 설명하는 기준도 다르고 방법도 다른 이유는 마치 칼로 무를 썰 듯이 딱 잘라서 구분할 수 없을 정도로 서로 떼려야 뗄 수 없는 개념이고 활동이기 때문입니다.

두 가지의 차이점을 구분하는 법이 정해진 것은 없습니다만 제가 마케팅과 브랜딩의 차이점을 구분하는 방법을 말씀드립니다. 저는 마케팅과 브랜딩을 출발점은 서로 다르지만, 목적지는 같은 이동 방법으로 생각하고 있습니다.

예를 들어 마케팅은 고객의 마음에서 출발합니다. 고객이 어떤 고민, 문제, 욕망이 있는지를 이해하고 무엇을 원하는지를 파악하여 그것을 해결하기 위한 제품, 서비스를 만들고 충족시켜 주기 위한 모든 활동입니다. 그 결과는 브랜드의 팬을 만드는 것입니다.

브랜딩은 브랜드의 비전에서 출발합니다. 비전에 공감하는 고객에게 긍정적 브랜드 경험을 제공하면서 장기적으로 고객과 좋은 관계를 맺기 위한 모든 활동입니다. 그 결과는 브랜드의 팬을 만드는 것입니다.

마케팅이 좋은 결과를 만들려면 브랜드의 인지도와 긍정적 인식이 중요합니다. 브랜딩이 좋은 결과를 만들려면 브랜드의 비전과 가치를 유지하는 일관성 있는 마케팅이 중요합니다. 마케팅은 상대적으로 단기간의 개별 활동일 수도 있지만 브랜딩은 상대적으로 장기적인 과정입니다.

구체적으로는 마케팅은 상품개발, 광고, 홍보, 세일즈, 고객관리 등을 위한 다양한 활동을 아우르고 브랜딩은 마케팅의 모든 과정에서 고객이 브랜드를 어떻게 느끼고 경험하는지를 아우릅니다. 서로 떼려야 뗄 수 없으면서도 서로의 영역은 차이가 있습니다.

간단한 예를 들면 네이버 플레이스에서 우리 브랜드와 연관된 지역 키워드와 업종 키워드 등을 검색했을 때 우리 브랜드가 상위 노출되는 것을 소위 '네이버 플레이스 마케팅'이라고 한다면, 클릭하고 들어온 잠재 고객이 우리 브랜드의 로고, 사진, 소개 등을 보고 어떤 느낌과 이미지를 인식하게 하느냐는 브랜딩의 영역이라고 할 수 있습니다. 말씀드린 대로 마케팅과 브랜딩은 서로 떼려야 뗄 수 없으면서도 서로의 영역은 차이가 있습니다.

예시를 들어 드린 것처럼 다른 브랜드의 마케팅과 브랜딩을 활동을 나누어 살펴보면 마케팅과 브랜딩의 차이를 좀 더 쉽게 이해할 수 있으리라 믿습니다. 브랜딩은 마케팅보다 좀 더 정서적이고 개념적 의미가 있다면 마케팅은 브랜딩보다 좀 더 논리적이고 구체적인 활동이 있다고 할 수 있습니다.

앞으로 마케팅과 브랜딩의 차이점이 무엇이냐고 누군가 묻는다면 이렇게 간단히 답을 해줘도 좋겠습니다.

마케팅은 상대가 원하는 사람이 누구인지 이해하고 네가 원하는 사람이 나라고 내가 말하는 것이고, 브랜딩은 내가 어떤 사람인지를 보여 주면서 내가 원하는 사람이 너라고 상대가 말하게 하는 것입니다.

Key Message

마케팅과 브랜딩의 차이를 이해하고 지금 하는 활동 중 무엇이 부족한지를 파악하는 데 활용하길 바랍니다.

04

나 혼자만 브랜딩 : 비즈니스 편

비즈니스를 위한 브랜딩은 두 가지 질문에서 시작하면 좋겠습니다.

하나는 '무엇이 차이를 만드는가?',
다른 하나는 '왜 차이가 생기는가?'입니다.

'무엇이 차이를 만드는가?'라는 질문은 '왜 내가 선택되어야 하는가?'라는 질문과 비슷합니다. 브랜드를 경험하기 이전에 선택을 먼저 받아야 합니다. 차이는 선택을 하는 이유를 만드는 것입니다.

같은 업종의 두 개의 서로 다른 비즈니스가 있다고 가정하겠습니다.

한 곳은 시선을 사로잡는 로고와 슬로건, 브랜드 컬러가 먼저 눈에 띕니다. 예를 들어 카카오 하면 어떤 로고와 색상이 떠오르는지를 생각해 보면 됩니다. 다른 한 곳은 로고와 슬로건, 브랜드 컬러도 보이지 않고 단지 판매하는 상품이 가장 먼저 눈에 띕니다. 마치 간판 없는 매장 앞에 서 있는 것을 생각해 보면 됩니다.

브랜드가 소비자와 관계를 맺기 위해서는 먼저 눈에 띄고 선택받아야 합니다. 브랜드의 긍정적 경험과 좋은 이미지를 전달하고 싶어도 소비자가 우리 브랜드가 있는지도 모르면 할 수가 없습니다.

따라서 우선은 우리 브랜드가 어떤 브랜드인지 첫인상과 첫 소개를 잘해야 합니다. 소개팅을 나가서 좋은 첫인상을 주기 위해 말끔하게 옷을 입고 잘 관리된 외모로 자신감 있는 자기소개를 하는 것이 필요한 것과 마찬가지입니다.

일반인 남녀가 출연해 서로의 짝을 찾는 연예 예능 프로그램을 떠올려 보면 이해가 쉽습니다. 출연자 남녀가 한 명씩 무대 앞으로 나가 자신을 소개합니다. 그 모습을 보면서 출연자뿐만 아니라 시청자도 출연자 한 명 한 명에 대한 긍정적 또는 부정적 첫인상을 갖게 됩니다.

브랜드도 마찬가지로 소비자에게 자신이 어떤 브랜드인지 소개하는 관점에서 생각하면 좀 더 이해가 쉽습니다. 비즈니스가 속한 업종에서 전문적이고 잘 준비된 모습을 보이는 것이, 그렇지 않은 것보다 더 좋은 첫인상과 신뢰를 줄 수 있습니다.

소비자의 눈앞에는 우리 브랜드 외에도 여러 브랜드가 있습니다. 여러 선택지가 있는 소비자에게 우리 브랜드가 다른 브랜드보다 소비자가 먼저 선택받는 브랜드가 되어야만 합니다. 이를 위해서 우선은 다른 브랜드와의 차이를 만드는 첫인상을 줄 수 있어야 합니다.

제대로 된 브랜드 소개, 말끔히 정리된 브랜드 비주얼 요소, 신뢰가 가는 브랜드 메시지, 공감을 불러일으키는 브랜드 스토리에 다른 소비자들의 추천까지 더해진다면 다른 브랜드와의 경쟁에서 일단 한발 앞서가게 됩니다.

소비자 눈에는 차이가 없고 오히려 선택하고 싶지 않은 덜 준비된 모습으로 나선다면 앞서 말씀드린 부정적 인식에서 출발하게 됩니다. 그리고 그것이 가장 피해야 할 모습이고 원치 않는 인식입니다.

외모는 그리 뛰어나지 않지만 말을 예쁘게, 재미있게 잘하는 사람이 있습니다. 이 사람이 말하는 방식을 좋아하는 사람에게는 매력적으로 느껴지고 만나 보고 싶어질 것입니다. 이처럼 브랜드마다 다른 브랜드와 차이를 만드는 자신만의 매력을 보여 줄 수 있어야 합니다.

두 번째 질문은 '왜 차이가 생기는가?'입니다.
이 질문은 '관심사가 어디로 향해 있나?'라는 질문과 연관됩니다.

남녀가 서로 처음 만나서 첫인상이 마음에 들었더라도 서로를 좀 더 알아보는 시간이 필요합니다. 예를 들면 가치관, 취미, 습관, 관심사 등 겉으로 보이는 모습과 정보 외에 정서적인 교감을 나눌 수 있는 상대인지 알아봐야 합니다.

이때 중요한 것이 관심사의 방향입니다. 예를 들면 서로가 좋은 첫인상으로 만났어도 상대의 관심이 내가 아닌 다른 곳이나 자기 자신에게 향해 있다면 좋았던 첫인상은 금세 사그라들기 마련입니다. 상대가 나에게 관심이 없기 때문입니다. 브랜드로 바꿔 말하면 소비자가 브랜드의 첫인상이 마음에 들어 선택했는데 브랜드는 소비자와 긍정적이고 장기적인 관계를 맺기 위한 노력이 전혀 없다면 금세 실망하고 다른 브랜드로 관심을 돌릴 것입니다.

비슷한 업종과 비슷한 조건의 두 브랜드가 겉으로는 서로 크게 차이 나 보이지 않더라도 브랜딩의 결과에서 큰 차이가 생기는 이유는 바로 브랜드에서 출발한 관심사가 소비자에게로 향하고 있느냐와 아니냐입니다.

예를 들어 동네에서 참기름, 들기름을 만드는 매장을 시작했다고 가정하겠습니다. 멋진 간판에 깔끔한 외관 그리고 새롭게 들인 최신 기계는 누가 봐도 한 번쯤 궁금하고 관심이 가기에 충분합니다.

그런데 손님이 매장에 들어온 걸 알아도 자기 할 일만 바쁘고, 본체만체한다면 어떤 기분이 들까요? 궁금한 것을 물어도 시큰둥하고 대답도 잘 안 해줄 뿐만 아니라 장사를 하겠다는 건지 말겠다는 건지 알 수 없는 태도라면 그 매장에서 파는 기름이 마트에서 파는 기름보다 좋은 기름이라고 하더라도 다시 가고 싶지 않을 것입니다.

겉으로 보여 주는 것은 시작에 불과합니다. 중요한 것은 보여 주는 모습이 말과 행동으로 일치되게 느낄 수 있느냐 하는 것입니다. 심지어는 자신의 브랜드 슬로건이 무엇인지도 기억 못 하는 브랜드가 있다면 그것을 마음에 들어 관심을 가진 소비자가 느끼는 실망감은 이루 말할 수 없을 것입니다.

비슷한 조건과 비전으로 출발한 두 브랜드가 시간이 갈수록 브랜딩 성과에서 차이가 생기는 이유는 바로 관심의 방향이 소비자를 향해 있는지 아닌지와 소비자가 공감한 브랜드의 약속을 얼마나 일관되게 지키고 있는지 아닌지에서 생기는 차이 때문입니다.

겉으론 그럴싸한 멋진 로고와 슬로건을 만들고 예쁜 디자인을 만들었다고 하더라도 시간이 갈수록 소비자가 등 돌리는 이유는 더 멋진 로고와 슬로건, 예쁜 디자인 때문이 아니라 브랜드가 소비자에게 전달하기로 한 약속을 지키지 않기 때문입니다. 소비자와 장기적으로 긍정적인 관계를 맺으려고 하기보다 숫자로 표현되는 돈이나 매출로 인식하기 때문이고 그것을 소비자가 눈치채고 느꼈기 때문입니다.

사람의 마음을 얻기는 오랜 시간이 걸리고 어렵지만, 사람의 마음을 잃는 것은 한순간이라는 점을 잊어서는 안 됩니다.

소규모 비즈니스 브랜딩의 장점은 소비자와 관계 맺기가 상대적으로 쉽고 빠르다는 점입니다. 이 장점을 충분히 살려 상대적으로 큰 규모의 비즈니스보다 발 빠르게 움직여야 합니다. 우리 브랜드의 소비자가 원하는 개성 있는 매력을 충분히 보여 주고 일관된 태도로 신뢰를 주어야 합니다.

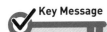

Key Message

잘되는 브랜드와 그렇지 않은 브랜드의 차이가 무엇인지를 브랜딩 관점에서 살펴보기 바랍니다. 사소하고 작아 보이는 디테일에서 생각보다 큰 차이가 생길 수 있습니다. 소비자 관점에서 관찰하며 차이를 발견해 보기 바랍니다.

05

나 혼자만 브랜딩:
개인 편

'퍼스널 브랜딩' 또는 '셀프 브랜딩'이라는 용어는 유명인뿐만 아니라 일반인에게도 익숙한 용어입니다. 퍼스널 브랜딩에 관심을 갖는 사람의 주요 목적은 자기 자신을 브랜드로 만들고 자신이 하는 비즈니스를 통해 수익을 만드는 것입니다.

예를 들어 많은 팔로워, 팬이 있는 '인플루언서'가 되어 상품 또는 서비스를 판매하거나 광고 수익을 만드는 것 등이 퍼스널 브랜딩을 하는 이유 중 하나입니다.

퍼스널 브랜딩을 시작하는 사람이라면 다음의 두 가지를 자가 진단해 보면 좋겠습니다.

첫째는 내가 다른 사람에게 무엇을 제공할 수 있는지, 둘째는 내가 제공하고자 하는 것을 지속할 수 있는 준비가 되어 있는지입니다.

월급 외 추가 수익 또는 새로운 수익을 위해 퍼스널 브랜딩을 하는 사람이 늘고 있는 만큼 나의 브랜드가 어떤 브랜드인지 다른 사람의 브랜드보다 더 날카롭고 뾰족해야 합니다.

예를 들어 평소에 팔로우하고 있던 살림 용품을 리뷰하고 공구를 진행해서 큰 이익을 얻고 있는 인플루언서를 따라서 나도 한 번 도전해 봐야겠다며 인스타그램으로 퍼스널 브랜딩을 시작했다고 가정하겠습니다.

큰 이익을 얻고 있는 인플루언서와 같은 상품으로 비슷한 콘텐츠를 만들고 업로드를 하지만 생각보다 반응이 없습니다. 몇 개월을 해도 제자리이고 돈을 벌기보다 오히려 지출이 늘고 팔로워도 정체된 자기 모습에 지쳐 포기하고 맙니다.

한두 달 뒤 이번에는 책 읽기를 좋아하는 자신의 취미를 살펴 북스타그램에 도전합니다. 집에 있던 책을 읽고 후기를 올리고 서평단에도 지원하고 베스트셀러를 읽고 후기도 올립니다. 막상 북스타그램을 하다 보니 정작 수익을 어떻게 어디서 얻을 수 있을지 모르겠습니다. 무료로 책을 읽는 정도 외에는 별다른 수익 창출 방법이 없어서 이번에도 포기하고 맙니다.

퍼스널 브랜딩을 오직 수익을 목적으로 하는 경우 발생될 수 있는 가상의 예시입니다. 소위 '돈이 되니까'라는 이유로 시작을 했지만, 돈이 되기 전에 스스로 지쳐 포기하는 경우입니다.

여기서 첫 번째 질문을 생각해 봐야 합니다. 내가 퍼스널 브랜딩을 하는 목적이 수익 창출이라고 하더라도 퍼스널 브랜딩은 수익을 목적으로 해서는 안 됩니다. 바꿔 말하면 퍼스널 브랜딩의 결과로 돈이 따라 오는 것이니 돈을 위해 퍼스널 브랜딩을 해서는 퍼스널 브랜딩이 되지 않는다는 말입니다.

자신이 벤치마킹하는 인플루언서의 현재 모습이 아닌 과거의 과정을 벤치마킹해야 퍼스널 브랜딩의 과정을 따라갈 수 있는데 돈을 벌고 있는 결과를 따라 하므로 정작 내가 제공하는 무엇과 돈을 교환할 수 있는지에 대한 준비가 안 되어 있는 것입니다.

자신이 다른 사람에게 제공하는 가치를 통해 퍼스널 브랜딩에 성공하고 세계적으로도 유명해진 한 사람의 예를 들어 보겠습니다.

그녀는 유치원을 다닐 무렵부터 '정리'에 폭 빠져 지낸 자타공인 '정리 마니아'다. 어린 시절부터 여성 잡지에 나오는 정리 정돈법을 직접 실행하면서 잘못 알고 있던 정리 상식들을 깨닫고, 자신만의 정리법을 찾는 데 성공했다. 그녀는 주변을 정리하면서 자신이 직접 원하는 것이 무엇인지 알게 되어 일의 효율성이

올라가고, 자신감도 높아졌다고 말한다. 더불어 수많은 고객의 정리 컨설팅을 해주면서 '정리가 인생을 바꿀 수 있다'고 자신하게 되었다.

저의 책 『N잡러를 위한 전자책 만들기(with 퍼스널 브랜딩)』에서도 소개한 정리의 신 '곤도 마리에'의 이야기입니다. 그녀는 '정리 컨설턴트'라는 직업으로 수익을 만들었을 뿐만 아니라 '곤도 마리에'라는 자신의 이름이 '정리'라는 분야에서 퍼스널 브랜딩에 성공하면서 세계적인 인지도와 많은 부를 이룰 수 있게 되었습니다.

우리나라에서도 정리 컨설턴트라는 직업이 생기고 예능 방송에서 유명인의 집을 정리해 주는 프로그램이 만들어지고 높은 인기를 끌기도 했습니다.

너무 유명한 사람이라서 거리감이 느껴진다면 제가 직접 만난 두 명의 블로거 사례를 말씀드립니다. 지금은 두 명 모두 한 기업의 대표로서 너무 유명해지고 블로거를 할 때의 상황에서는 상상하기 힘든 부를 만든 사람들입니다.

한 명은 화장품을 정말로 좋아하는 남자 블로거였습니다. 매일 화장품을 직접 바르고 리뷰하면서 당시 생소했던 뷰티 분야 남성 블로거로서 단연 두각을 보였습니다. 공중파 방송에도 출연하며 더욱 명성을 얻었습니다. 급기야는 화장품을 더 배우기 위해 화장품 회사의 인턴으로 취업했고 회사에서 나온 이후에는 자신의 브랜드를 론칭하고 직접 화장품을 만들어 판매했습니다. 지금 그는 과거의 파워 블로거가 아닌 천억 원이 넘는 매출을 만드는 기업의 대표가 되었습니다.

다른 한 명은 평범한 두 아이의 엄마였습니다. 아이들 도시락을 만들고 그것을 사진 찍어서 자신의 블로그에 도식락 사진과 레시피를 공유하곤 했습니다. 아이들의 도시락을 예쁘게 만들면서 도시락에 관심 있는 여성들의 관심을 끌고 높은 인지도를 기록하게 되었습니다. 아이들의 영양가 있는 도시락 만들기에 진심이었던 그녀는 지금 요리연구가, 작가, 기업가로 활동하고 있습니다.

예시로 들었던 사람들 모두 자신이 좋아하는 것에 성공하기 전부터 수년째 했고 지금도 하고 있습니다. 자신이 좋아하는 것이 무엇인지 알고 계속하다 보니 다른 사람보다 더 잘하게 되었고 그것을 다른 사람에게 공유해 주면서 인지도를 쌓게 되니 자연스럽게 돈이 되었습니다.

지금 퍼스널 브랜딩을 시작하려고 하거나 퍼스널 브랜딩이 생각보다 잘 안 되고 있다면 앞서 말씀드린 두 가지 질문을 다시 떠올려 보기 바랍니다.

내가 다른 사람에게 무엇을 제공할 수 있는지 그리고 내가 제공하고자 하는 것을 지속할 수 있는 준비가 되어 있는지, 이 두 가지 질문에 답을 찾는 것이 퍼스널 브랜딩으로 수익을 만드는 첫걸음이 될 것입니다.

한 가지 덧붙여 말씀드리면 브랜딩은 자신에게서 출발해서 소비자에게로 향하는 것이라고 했습니다. 퍼스널 브랜딩도 마찬가지입니다. 다른 사람이 좋아해서, 잘하고 있어서가 아니라 내가 어떤 사람이고 무엇을 좋아하고 오래 하거나 좋아하는 것이 무엇인지에서 출발점을 찾아보기를 바랍니다.

Key Message

퍼스널 브랜딩의 시작은 내가 나에 대해 이해하는 것입니다. 나를 가장 잘 아는 사람은 내가 되어야 합니다. 자신의 강점이 무엇인지부터 찾아보면 좋겠습니다.

DAILY BRANDING

PART 3

소규모
비즈니스
브랜딩
사례

문경장터 약돌며느리,
고요별서,
슬로우 필라테스

GOOD NEWS

lorem ipsum dolor sit amet, consectetur adipiscing elit sed do eiusmod tempor incididunt ut labore et dolore magna aliqua ut enim ad minim veniam, quis nostrud exercitation ullamco laboris nisi ut aliquip ex ea commodo consequat duis aute irure dolor in reprehenderit in voluptate velit esse cillum dolore eu fugiat nulla pariatur excepteur sint occaecat cupidatat non proident sunt in culpa qui officia deserunt mollit anim id est laborum lorem ipsum dolor sit amet consectetur adipiscing elit sed do eiusmod tempor incididunt ut labore et dolore magna aliqua

EXTRA! EXTRA!

lorem ipsum dolor sit amet consectetur adipiscing elit sed do eiusmod tempor incididunt ut labore et dolore magna aliqua ut enim ad minim veniam quis nostrud exercitation ullamco laboris nisi ut aliquip ex ea commodo consequat duis aute irure dolor in reprehenderit in voluptate velit esse cillum dolore eu fugiat nulla pariatur excepteur sint occaecat cupidatat non proident

COMPANIONS
Caution, A
OMANC
saucer ove
NEWSPAP
KILLER
ible incident

누구나 할 수 있는
브랜딩

지금까지 읽으면서 '브랜딩이 뭔지', '왜 필요하고 중요한지'에 대해 대략 감을 잡았으리라 믿습니다. 이번 장에서는 지역축산물, 북스테이 창업자, 필라테스 강사님의 사례를 통해 다른 비즈니스는 어떻게 브랜딩을 시작했는지를 살펴보겠습니다.

다른 비즈니스의 사례를 살펴보면서 브랜딩의 전문가가 아님에도 불구하고 어떤 과정으로 브랜딩하고 있는지를 참고하면 좋겠습니다.

가장 먼저 소개해 드릴 브랜드는 사단법인 문경약돌 축산물 명품화 협의회에서 운영하는 '문경장터 약돌며느리'입니다.

'사단법인 문경약돌 축산물 명품화 협의회'는 2018년 향토산업 육성사업으로 선정되면서 시작되었습니다. 2018년부터 2021년까지는 문경약돌 축산물 융복합 명품화 사업단으로 약돌한우, 약돌돼지의 명품화 산업화, 고부가가치화를 목표로 약돌 축산물의 생산과 판매지원 및 생산 농가 전문화, 신상품 개발 등의 활동을 해왔습니다.

2022년 '사단법인 문경약돌 축산물 명품화 협의회'로 재출범하고 사업단에서 진행하던 사업의 연속성을 유지하며 지속적인 활동을 하고 있습니다.

두 번째 소개해 드릴 브랜드는 남해의 '고요별서 북스테이'입니다. 고요별서 북스테이는 평소에 책을 많이 읽고 북스타그램을 운영하시는 루혜님이 시작한 브랜드입니다. 가족, 지인들과 여행으로 자주 방문했던 남해가 마음에 들던 차에 이런 곳에 독서를 하며 깊이 있는 생각을 할 수 공간이 있으면 좋겠다는 생각에서 시작된 브랜드입니다.

마지막으로 소개해 드릴 브랜드는 중장년을 대상으로 통증 없이 쉽고 빠르게 근육량을 늘이는 필라테스 운동을 가르치고 있는 슬로우 필라테스의 윤진샘입니다. 윤진샘은 인스타그램과 유튜브를 활용하여 관절 및 건강 관리에 도움이 되는 운동법 콘텐츠를 공유하고 있습니다.

문경장터 약돌며느리, 고요별서, 윤진샘 모두 브랜딩과 연관 없는 일을 하던 분들임에도 불구하고 지금은 각자의 영역에서 자신만의 브랜딩을 하고 있습니다. 다음 장에서 세 개의 비즈니스가 각각 어떻게 브랜딩하고 있는지 좀 더 자세히 살펴보겠습니다.

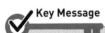

Key Message

　　세 개의 브랜드 스토리를 읽어 보고 소규모 브랜드라도 개인 브랜드라도 얼마든지 브랜딩을 할 수 있고 필요하다는 것을 이해하기를 바랍니다.

02

맛있는 행복함을 소개합니다,
'문경장터 약돌며느리'

◈ 브랜드 운영자에서 출발한 네이밍

'문경장터 약돌며느리'의 시작은 단순했습니다. 사단법인 문경약돌 축산물 명품화 협의회가 운영하는 소셜미디어와 커머스의 화자 역할을 할 캐릭터가 필요하다는 것에서 시작되었습니다.

협의회의 이름이 길고 어렵다 보니 소비자들과 친근한 의사소통을 하기 위한 캐릭터가 필요했습니다. 기존에 개발했던 문경약돌 한우돼지 통합 브랜드가 있었지만, 소비자들과의 의사소통을 위한 브랜드로 사용하기는 어려웠습니다.

그래서 소비자의 친근한 의사소통을 위한 캐릭터를 만들고 이것을 의사소통을 위한 브랜드로 내세우기로 했습니다. 캐릭터 네이밍의 아이디어는 협의회 담당자분들에게서 가져왔습니다.

협의회의 국장님과 과장님 모두 여성분들이고 문경으로 시집 온 며느리입니다. 타깃 역시 자녀를 키우고 있는 주부이면서 한 집 안의 며느리였기 때문에 자연스러운 공감을 유도할 수 있다고 생각했습니다.

당시 네이버 스마트 스토어 론칭을 앞두고 있었고 라이브 커머스를 통해 판매를 하고 있었기 때문에 커머스의 의미를 담은 '문경장터'와 결합하여 최종적으로는 '문경장터 약돌며느리'라는 네이밍을 만들었습니다. 그리고 브랜드 비주얼 요소로 '문경장터 약돌며느리' 캐릭터를 제작하여 소셜미디어와 스마트 스토어 등에 사용하면서 소비자들이 좀 더 친근하게 느낄 수 있도록 하였습니다.

네이밍이 완료되고 캐릭터를 만든 후에는 '문경장터 약돌며느리' 브랜드의 비전, 미션, 목적, 브랜드 스토리 등을 정리했습니다. 문경장터 약돌며느리가 누구이며 왜, 이 일을 하는지, 어떻게 일하는지 등이 정리되자 내·외적으로 의사소통 체계와 방법이 명확해졌습니다.

한마디로 브랜드 정체성이 정리되자
앞으로 무엇을 해야 할지에 대한 방향이 결정되었습니다.

브랜드 네이밍	문경장터 약돌며느리
브랜드 슬로건	맛있는 행복함을 소개합니다
브랜드 비전	팔도의 안전하고 맛있는 먹거리를 찾고 누구나 맛있고 행복한 식사 시간을 즐길 수 있게 한다
브랜드 미션	먹거리의 안전성과 맛을 검증하고 누구나 쉽고 편하게 구매하고 언제 어디서나 받을 수 있는 서비스 제공
브랜드 목표	대한민국 대표 축산물 브랜드
브랜드 가치	가족과 지인이 믿고 먹을 수 있는 맛있는 약돌한우돼지
브래드 타깃	성장기 자녀가 있는 30대 이상 주부

◈ 맛있는 행복함을 소개하는 약돌며느리

(인스타그램 @mgyakdol_official)

문경장터 약돌며느리의 브랜딩 핵심은 안전하고 맛있는 약돌한우돼지를 쉽고 빠르게 제공하는 것입니다. 약돌며느리를 이용하는 분들에게 전달하고 싶은 한 가지 메시지는 '약돌며느리가 소개한 제품은 맛있어'입니다. 즉, '약돌며느리는 믿을 수 있어'라는 인식을 소비자의 머릿속에 심는 것이 가장 중요한 브랜딩 목적입니다.

따라서 약돌며느리가 가장 중요하게 해야 할 일은 뭔가 대단하고 거창한 것이 아니라 소비자에게 약속한 것을 일관되게 지키는 것입니다. 한마디로 안전하고 맛있는 약돌 한우돼지 상품을 불안감이나 고민 없이 주문하고 받을 수 있게 하는 것입니다.

브랜드 네이밍이 '문경장터 약돌며느리'가 되고 누구를 대상으로 어떤 것을 지향하는지가 정해지고 나서 재미있는 현상이 발생되기 시작했습니다.

소비자들이 제품을 구매하거나 문의할 때 '약돌며느리'에게 이야기하듯 한다는 것이었습니다. 처음 '문경장터 약돌며느리'라는 브랜드와 캐릭터를 구상할 때 기대했던 것처럼 소비자들의 반응이 생기기 시작한 것이었습니다.

온라인에서뿐만 아니라 오프라인에서도 소비자와 의사소통하게 될 때는 '약돌며느리'로서 자연스럽게 소비자와의 거리감이 좁혀지고 대화도 좀 더 쉬워졌습니다. 가족의 건강을 생각하는 며느리가 안전하고 맛있는 먹거리를 소개하기 때문입니다.

브랜딩은 외부적으로만 보여지기 위함이라고 생각하는 경우가 있습니다만, 내부적으로도 동시에 진행되는 것이 중요합니다. 외부 브랜딩만을 강조하고 내부 브랜딩이 진행되지 않는다면 스스로 믿지 않으면서 다른 사람에게 믿기를 강요하는 것과 다르지 않기 때문입니다. 조직이 클수록 내부 브랜딩은 더욱 중요해집니다. 설득과 이해 그리고 공감할 사람이 많아지기 때문이고 전파에 오래 걸리기 때문입니다.

만약 외부에서는 가족의 건강한 식탁을 책임지는 약돌며느리라고 이야기하면서 정작 내부적으로는 낮은 품질의 가성비 좋은 상품을 찾아다니고 그 모습을 서로 내부에서 지켜본다면 어떨까요? 임직원 그 누구도 약돌며느리라는 브랜드에 대해 신뢰하지 못할 것이고 그 결과 소비자와의 소통에서도 문제를 만들게 될 것입니다.

광고에서는 누구보다 아이들을 사랑하고 위하는 것처럼 말했지만, 안전성과 위생이 중요한 아이들의 이유식에서 문제가 발생한 사례가 있듯이 겉과 속이 다른 브랜드는 언젠가는 문제가 발생하게 됩니다.

청결하고 맛있는 브랜드가 운영하는 식당이라고 찾아갔는데 주방에서 담배를 피고 침을 뱉고 있는 모습을 본다면 어떨까요? 청결하고 위생적이라는 브랜드가 내세우는 가치와 정체성은 한순간에 무너지고 말 것입니다. 외부적으로 보여 주는 브랜드와 내부에서 이해하고 있는 브랜드가 하나의 정체성으로 유지되도록 하는 것은 브랜딩의 중요한 요소라는 점을 꼭 명심해야 합니다.

'문경장터 약돌며느리'는 브랜드 경험의 확대를 위해 온라인과 오프라인에서 소비자를 만드는 기회를 계속 늘려 나가고 있습

니다. 앞으로도 더욱 많은 소비자의 식탁에서 '문경장터 약돌며느
리'를 만나게 될 거라고 기대합니다.

Key Message

브랜드 네이밍을 창업자 스토리에서 찾아보면 좋습니다. 전국의
맛집들이 창업자의 이름과 '원조'를 강조하는 것은 네이밍이 주
는 강력한 신뢰와 인지를 소유하기 위함입니다.

03

고요 속에서 나를 찾다,
'고요별서 북스테이'

◈ 덕업일치의 남해 북스테이 고요별서

(인스타그램 @goyobyeolseo)

덕업일치란 사자성어 형태의 신조어로 자기가 열성적으로 좋아하는 분야의 일을 직업으로 삼는다는 뜻입니다. 남해 북스테이 고요별서는 책 읽기를 좋아하고 북스타그램을 운영하는 창업자의 덕업일치의 사례입니다.

루혜님을 만나게 된 것도 책을 통해서입니다.『하루 10분 마케팅 습관』이 인연이 되어 브랜딩 작업에 대해 말씀을 나눈 후 북토크 전문 독립서점 '더나은책방'에서 북토크를 하며 처음 뵈었습니다.

이후 루혜님이 북스테이를 시작하게 된 이유, 남해의 한옥을 선택한 이유 등을 들으며 네이밍을 먼저 준비했습니다.

고요별서라는 네이밍은 평화로운 남해 바다가 바라보이는 고요별서가 위치한 장소에서 출발했습니다. 책을 좋아하는 사람들이 조용한 공간에서 자신만의 시간을 갖길 원하는 루혜님의 생각을 네이밍부터 공간에 반영하였습니다.

한적한 곳에 따로 지은 집을 의미하는 조선시대 '별서'의 전통적 개념을 '북스테이'의 현대적 공간에 녹이고자 하였고 그 결과 고요별서 북스테이라는 네이밍이 만들어졌습니다.

브랜드의 비전과 미션 등은 루혜님이 지향하는 브랜드의 가치를 실현할 수 있는 방향으로 정리되었습니다. 본인의 경험에서 비롯한 덕업일치의 브랜드 정체성이 정리되자 누구를 대상으로 하는 브랜드인가도 명확해졌습니다.

뿐만 아니라 기존의 한옥을 북스테이로 바꾸면서 생각했던 것을 브랜드의 정체성과 대상에 맞추어 변경하여 좀 더 브랜딩을 강화하는 방향으로 진행하였습니다. 고요별서를 찾는 분들에게 브랜드가 약속한 경험을 온전히 느낄 수 있게 하기 위함이었습니다.

브랜드 네이밍	고요별서 북스테이
브랜드 슬로건	고요 속에서 나를 찾다
브랜드 비전	오롯이 자신에게 집중할 수 있는 공간과 서비스를 제공함으로써 복잡하고 지친 몸과 마음의 휴식과 안정에 도움을 준다
브랜드 미션	몸과 마음의 안정과 휴식을 돕는 공간을 제공. 경험의 확산을 통해 다른 사람의 삶의 질 향상에 도움을 준다
브랜드 목표	대한민국 대표 북스테이 브랜드, 2030년 10호점 오픈
브랜드 가치	안정감과 편안함, 신뢰와 안전, 긍정적 경험과 공유
브랜드 타깃	자신만의 시간을 갖고 생각을 정리하고 독서와 쉼을 원하는 사람 독서를 좋아하고 조용한 곳에서 힐링 여행을 찾는 30대 커플

　　이 책의 원고를 쓰면서 루혜님에게 고요별서 브랜딩을 소개하는 원고를 부탁했습니다. 왜 고요별서를 시작했는지, 어떤 과정을 거쳤는지를 브랜드를 직접 만든 사람의 생각으로 이야기를 전한다면 앞으로 창업을 준비하거나 브랜딩을 준비하는 사람에게 도움이 될 것이라는 생각에서였습니다. 그래서 고요별서 브랜딩 이야기는 루혜님이 직접 쓴 이야기로 소개해 드립니다.

◈ 행복은 기회가 아니라 선택

고요별서 북스테이는 '자연 속에서 편안하게 독서하며 쉬는 공간을 만들면 어떨까?'라는 질문에서 시작되었습니다. 따스한 햇살이 비치는 아늑한 지적, 정서적 공간 같은 곳 말입니다. 그런 공간이 있다면 나의 목소리를 듣고 나에게만 집중할 수 있겠다는 생각이 들었습니다. 내가 책을 읽고 삶이 변했다면 다른 사람도 그럴 수 있으리라 믿었습니다.

처음부터 실행에 옮기지는 못했습니다. '언젠가는 해볼 거야'에서 '언젠가'를 빼기로 했습니다. 고요별서의 집을 선택하기까지는 1년이 걸렸습니다. 시골집과 관련된 유튜브를 보면 집을 찾는 것이 쉬운 것 같았습니다. 막상 가보면 매매가를 올리거나, 기반 시설이 갖춰지지 않거나 상속문제가 복잡하게 얽혀 있는 등 각기 다른 이유로 마음에 드는 시골집을 찾는 것은 생각보다 쉽지 않았습니다.

가족과 친구들과 자주 갔던 남해는 저에게 더 특별했습니다. 남해의 고요별서는 시원하게 바다가 펼쳐져 있는 수채화 같은 집이었습니다. 언제나 조용히 생각을 정리하며 머물고 싶은 곳처럼 느껴졌습니다.

고요별서가 두 분의 작가님이 거주하며 책을 집필하신 곳이라는 사실은 저에게 더욱 특별했습니다. 한 분은 판타지 소설을 쓰셨고 한 분은 산문집을 쓰셨습니다. 나중에 알게 된 사실이지만 오래전에는 아이들을 가르치던 학당이었습니다. 내가 집을 선택한 게 아니라 집이 나를 선택했다는 말이 있습니다. 상상했던 시골집이 눈앞에 나타난 것 같았습니다. 그동안 시골집을 보러 다니면서 고민했던 시간이 값지다고 느껴졌습니다.

저의 선택을 믿기로 했습니다.

마케팅에 대한 전략과 전술이 부족한 상태에서 공사가 시작되었습니다. 마케팅과 브랜딩에 대한 이해, 지식이 부족하고 실무 경험이 없었기 때문에 더 어렵게 느껴졌습니다.

『하루 10분 마케팅 습관』이라는 책은 읽기 쉽게 이해하며 실행할 수 있는 마케팅 초보를 위한 글이었습니다. 마케팅을 생각하니 제일 먼저 떠오르는 분은 흑상어쌤이었습니다.

무엇을 위한 것인가?
어떤 차별화가 있나?
누가 코어 타깃인가?
왜 남해로 결정했나?
구체적인 컨셉이 있나?
벤치마킹하는 곳은 어디인가?

앞으로의 비전은 무엇인가?

이렇게 브랜딩의 시작 단계에서 흑상어쌤의 쏟아지는 질문이 시작되었습니다.

독서를 통해 안정감, 위로, 해방감 그리고 실행할 수 있는 용기를 얻고 내 삶이 변했듯, 다른 사람들도 그런 느낌을 받으면 좋겠다는 생각이 들었습니다. 저의 이야기를 듣고 브랜드 컨셉을 도출하는 것부터 차근차근 시작되었습니다. 그리고 고객에게 어떤 가치를 제공해야 하는지. 저의 생각과 비전을 하나씩 정리하기 시작했습니다.

고요별서에서 거주하셨던 작가님들의 글 쓰는 공간에 긴 책상과 책장을 비치했습니다. 돌담을 보면서 글을 쓰거나 바다를 바라보며 글을 쓰는 작가님의 모습을 상상했습니다. 글 쓰는 공간의 의미를 되살리고 생각이라는 바다에 깊이 잠길 수 있는 공간이기를 원했습니다. 독서와 쉼을 통해 작은 삶의 변화를 경험하면 좋겠다는 마음을 담았습니다.

고요별서의 가치를 정리해 나가면서 어떤 분들이, 어떤 마음으로 오시는지를 깊이 생각하게 되었습니다. 독서를 좋아하고 책 읽는 휴가를 보내면서 생각을 정리하고 싶은 분들과 글쓰기에 영감을 받고 싶어 하는 분들을 떠올렸습니다. 제가 독서와 깊이 있는 생각을 통해 경험한 긍정적 에너지를 받을 수 있는 공간이 되면 좋겠다고 생각했습니다.

다른 사람의 글을 많이 보고 깊이 생각하다 보면 시야가 넓어지며 나만의 철학이 생깁니다. 제가 쓴 책의 추천사뿐만 아니라 다른 분들이 쓴 추천사, 방명록, 필사 등을 보면서 서로의 생각과 경험을 공유하면 좋겠다는 생각이 들었습니다. 나만 이런 고민을 하는 게 아니라는 유대감도 생기고 그런 유대감을 고요별서 홈페이지에서도 이어 가면 좋겠다고 생각했습니다.

책과 함께 한 달에 한 주제에 대해서 화두를 던지며 서로의 생각을 공유하는 '월간 고요별서'를 고요별서 홈페이지에 담을 예정입니다. 앞으로 고요별서는 깊이 있는 생각을 하며 작은 행동으로 옮기고 삶의 변화가 생기며 삶의 질이 달라지는 에너지를 줄 수 있는 공간이 되어야겠다는 생각이 듭니다.

아이디어가 훌륭하고 실전경험이 풍부한 마케팅과 브랜딩 전문가인 흑상어쌤에게 말씀을 들으며 고요별서를 준비하는 과정은 예비사업가인 저에게 정말 큰 힘이 되었습니다.

나에게 무엇을 할 수 있는 힘이 있다고 믿는 것을 '자기 효능감'이라고 합니다. 자기 효능감이 있는 사람은 참을 수 있고 어려움이 닥쳐도 견디는 힘이 있습니다. 시도해 보지도 않고 내가 할 수 없는 일에 대해서 수없이 나열하곤 합니다. 스스로 셀프 한계를 짓지 않으려고 했습니다. 책과 함께 나침반 삼아 한 걸음씩 걸었더니 저도 변했습니다.

오르막을 오르며 언덕 너머의 풍경을 상상했습니다. 더 큰 삶을 상상했습니다. 나 자신을 더 단단하게 만든 시간이었고 몰입하는 시간이 즐거웠습니다. 주변에서 염려와 걱정도 많이 해주셨습니다. 기대와 응원도 넘치게 받았습니다. 앞으로 더 어려움이 있겠지만 그때는 내 안에서 또 방법을 찾으면 된다고 생각합니다. 인생에는 답은 없다고 하지요. 답을 만들어 가는 과정만 있습니다. 꿈꾸면서 희망하며 살아가는 삶에 대해 배워 나가는 시간이었습니다. 행복은 기회가 아니라 선택입니다. 행복할 것인지 아닌지는 내가 선택하면 됩니다.

 **Key Message**

시작하지 않으면 아무것도 달라지지 않습니다. 고요별서의 스토리를 읽고 행복은 선택이라는 것을 이해했다면 이제 선택을 위한 한 번의 용기를 내면 좋겠습니다.

04

통증 없이 쉽고 빠르게 근육량 늘려요,
'슬로우 필라테스 윤진샘'

◈◇◇◇◇◇◇◇◇◇◇◇◇◇◇◇◇◇◇◇◇◇◇◇◇

◈ 매일 배우고 실행하는 프로실행러 윤진샘

(인스타그램 @slow.pilates)

윤진샘과 처음 인연을 맺은 것은 제가 운영하는 '하루 10분 마케팅 독서클럽'에서였습니다. 지금까지 12기가 진행된 독서클럽에서 2기 모집 기간이 끝났음에도 불구하고 참여 가능 여부를 물었던 것이 인연의 시작이었습니다. 마케팅 공부를 위해 독서클럽을 찾던 중 지인의 소개로 참여한 것이 12기가 될 때까지 이어지고 있습니다.

윤진샘의 고민은 자신의 브랜딩 방법과 단편적인 마케팅 지식을 큰 그림에서 정리하는 것이었습니다. 윤진샘의 퍼스널 브랜딩 슬로건부터 매일 업로드하는 콘텐츠의 카피라이팅까지 실무적으로 필요한 것에 대한 배움도 독서클럽에 참여한 이유였습니다.

윤진샘의 가장 큰 장점은 적극적으로 배우고 배운 것을 바로 실행한다는 점이었습니다. 고민하거나 궁금한 점이 있으면 바로 묻고 그것을 바로 실행을 해보며 개선하는 것의 속도가 무척이나 빠릅니다. 이것이 윤진샘의 퍼스널 브랜딩에 중요한 역할을 하고 있습니다.

윤진샘은 퀄리티는 양에서 나온다는 것을 증명하고 있습니다. 거의 매일 콘텐츠를 업로드하는 인스타그램과 유튜브의 정량적 성과도 점점 좋아지고 있고 콘텐츠의 카피라이팅도 처음 독서클럽에 참여할 때보다 훨씬 더 좋아졌습니다. 책을 읽는 것에서 그치지 않고 책에서 배운 것을 실행하는 것이 왜 중요한지를 직접 성과로 보여 주고 있습니다.

브랜드 네이밍	필라테스 윤진샘
브랜드 슬로건	통증 없이 쉽고 빠르게 근육량 늘려요
브랜드 비전	중년의 건강을 위한 필라테스 브랜드
브랜드 미션	소셜미디어를 통해 중년에게 도움되는 필라테스 콘텐츠를 제공한다
브랜드 목표	중년을 위한 필라테스 전문가 윤진샘의 퍼스널 브랜딩
브랜드 가치	필라테스를 통해 중년의 건강에 도움
브랜드 타깃	근육량이 부족하고 관절에 통증이 있는 중년

윤진샘의 필라테스는 자신의 직접 경험에서 나옵니다. 그래서 더욱 진정성이 있고 오프라인 회원들뿐만 아니라 윤진샘의 콘텐츠를 좋아하는 분들에게 환영과 감사를 받습니다.

윤진샘은 두 번의 교통사고와 무릎 연화증을 겪었습니다. 자신이 몸을 다시 일으키면서 공부하고 경험했던 운동을 근력이 부족한 중년을 대상으로 오프라인과 온라인에서 가르쳐 주고 있습니다. 그 경험을 담아 2023년에는 『몸이 하는 말들』을 출간했습니다.

윤진샘과 다른 5명의 퍼스널 브랜딩을 목표하는 분들이 모여 만든 전자책 『퍼스널 브랜딩 스토리』에 담긴 윤진샘의 이야기를 통해 윤진샘이 어떤 과정을 거쳐 지금의 성과를 만들었는지를 소개합니다.

◈ 혼자하지 말고 함께 오래 해요

두 번의 교통사고, 무릎 연골 연화증을 겪으며 내 몸을 먼저 일으켜야 했던지라 몸에 대한 생각으로 가득 차 있습니다. 안 아픈 몸을 위한 근력 운동을 온오프라인에 소개하고 있어요.

현재 오프라인 필라테스 센터 운영(수업) 외에 온라인 인스타그램 팔로워 11,000명, 유튜브 구독자 12,000명인 채널을 운영하고 있습니다.

저는 '필라테스 강사치고는' 좋은 몸매는 아닙니다. 그렇다고 몸이 엄청 유연하지도 않아요.

그래서 처음에는 온라인에 저를 보여 주는 게 창피했어요. 사람들이 '너나 살 빼라. 자세가 틀렸다'라고 손가락질할 것 같았거든요.

그랬던 제가 지금은 매일 몸에 딱 붙는 레깅스를 입고 매일 영상을 올리고, 직접 다른 사람들에게 공유하고 있어요.

2021년에 '거북목 개선 운동 보조기구'를 발명해 특허를 받았습니다. 그 과정에서 제품 관련 설문조사를 했습니다.

'병원에서 필라테스하라고 하는데 젊은 사람들 하는 데 갔다가 괜히 못 따라 할까 봐요', '우리 딸이 필라테스하라고 하는데 이 나이에 민망하게 그런 옷을 어떻게 입어요.'

'중년에게 필라테스의 문턱이 높구나!'

이런 생각과 함께 새로운 시장의 가능성을 보았습니다.

2023년에는 『몸이 하는 말들』 책을 출간했어요. 글을 쓰다 보니 저는 제 몸이 아파서 안 아프게 운동해야 했고, 그동안 많은 회원을 만나며 '몸 공부'를 많이 한 장점이 있었어요.

그리고 저는 센터 오전반의 워너비 몸매였어요.

'선생님 몸이 진짜 좋은 거예요. 다리 이쁜 거 젊었을 때나 말이지. 나이가 드니까 다 필요 없어. 하체가 튼튼해야 해. 다리가 얇아서 걱정이에요'

그렇게 2019년부터 2023년까지 끊임없이 배우고 실행했습니다. 그리고 2023년 11월부터 중년을 위한 필라테스 콘텐츠를 본격적으로 올리게 됐습니다.

해부학적으로 전문 지식을 가진 사람이 아니라, 연골연화증을 극복한 사람, 교통사고로 입원해 있는 동안 근육이 감소해 허리가 낫지 않았던 경험을 바탕으로 '(센터에서 수업하듯이) 운동'하는 채널입니다.

여기저기서 벤치마킹이 중요하다고 합니다. 저도 처음에는 다른 사람들의 인스타그램, 유튜브 채널을 많이 찾아봤어요.

'대체 몇 개 정도 올려야, 1만 팔로워가 될까?' 문득 궁금했습니다.

8만 인플루언서는 4천여 개의 게시물, 5만 인플루언서 1천 개, 2만 인플루언서 1천 5백 개, 290만 유튜버 800개 영상, 100만 유튜버 700개, 85만 유튜버 400개, 40만 유튜버 700개 이상 업로드를 했더라고요!

'영상 개수가 저 정도는 돼야 팔로워(구독자)가 많아지는구나. 일주일에 하나씩 올리면 1년에 50개밖에 안 되네. 많이 올리려면 매일 올려야겠다!'라고 생각했어요. 2024년에는 영상 300개 이상 올리기를 목표로 매일 1~2개씩 업로드하고 있어요.

블로그와 인스타그램을 배우고 직접 해보며 '저'를 이해할 수 있었습니다. 영상보다는 글쓰기에 자신이 있었다고 생각했는데 웬걸요? 블로그는 서너 시간 쓰다가 마무리를 못 해 결국 업로드 못한 글이 태반이에요.

반면 영상은 NG 없이 말하면서 운동한 것을 녹화해요. 편집은 앞뒤 자르고 자막만 넣으면 되니 쉽고 빠르더라고요. 쉬워서 매일 올릴 수 있어요.

중년을 위한 콘텐츠를 하기 직전에 '키즈 필라테스'를 올렸어요. 두 딸의 자세를 교정하기 위해 필라테스를 시키고 싶은데 그게 잘 안 되더라고요. 그래서 콘텐츠를 만드는 것을 핑계로 아이들과 운동했어요. 중년을 위한 콘텐츠 영상을 핑계 삼아 '내 운동'을 하고 있어요.

잘하는 게 없어도 돼요. 필요한 걸 하세요. 예를 들어 아이들한테 그림책을 읽어 주고 싶은데 습관이 안 되면, 그램책 읽어 주는 사진, 그림책 고르는 사진 등을 올릴 수 있어요.

집 정리가 안 돼서 고민이면 '집 정리'를 주제로 신발장 정리, 그릇 정리, 냉장고 청소 등의 콘텐츠를 만들 수 있어요.

게시물 몇 개 올렸다고 돈을 버는 것도 아니고, 구독자가 몇백 명씩 늘지 않아요. 그럴 때 SNS 덕분에 나한테 좋은 게 있어야 계속할 수 있어요!

SNS를 6년째 해오고 있습니다. 느리지만 꾸준히 성장하는 것이 눈에 띄어요.

오프라인에서만 활동했을 당시 '은퇴'에 대한 고민이 많았어요. '젊고 유능한 강사들이 인기가 많은데 나는 언제까지 이 일을 할 수 있을까?'

그런데 온라인에서 입지가 조금씩 커지면서 '내가 좋아하는 이 일을 더 오래 할 수 있을 것 같다'는 희망이 생겼어요. 그 외에도 밝은 색 옷을 입게 돼 사람마다 화사해졌다고 칭찬을 들어요.

운동을 안내할 때 '팔을 펴려면'은 '팔을 펴려고 하세요'처럼 어색한 단어 사용을 수정해 수업이 더욱 명료해졌어요. 오프라인 회원분들께 영상을 공유해 '운동에 진심인 강사'로 신뢰가 높아졌어요.

하면 할수록 스스로 성장하는 것이 느껴지니 어찌 멈출 수가 있겠어요. 저는 아직도 성장하고 있습니다. '중년'을 콘텐츠로 잡는 데 5년이라는 시간이 필요했어요.

처음이 가장 힘들었어요. 채널 운영, 편집 프로그램 사용 등을 할 줄 몰라, 먹히는 콘텐츠인지 확신도 없어… 신규 팔로워(구독자)도 안 늘어… 처음이 가장 힘들어요. 그런데 그 시간만 똑똑하게 잘 넘기면 돼요.

혼자하지 말고 함께 오래 해요.
슬럼프는 성장할 시간이라는 신호니까
그럴 땐 뭐든지 배워요.

Key Message

브랜딩에서 꾸준함은 가장 중요한 요소입니다. 일관성 있는 꾸준함은 반드시 결과를 만듭니다. 큰 목표는 작게 나누어 작은 목표를 성취하며 매일을 습관처럼 만들어 보기 바랍니다.

05

세 브랜드의
공통점

세 브랜드의 이야기를 들어 보았습니다. 어떤 이야기가 공감되었는지요? 세 브랜드는 사실 공통점이 없어 보입니다. 브랜드의 시작도 분야도 과정도 다릅니다.

문경장터 약돌며느리는 지역의 축산물 브랜드로 공공기관에서 출발했습니다. 고요별서 북스테이는 창업자의 개인 경험에 시작된 브랜드입니다. 필라테스 윤진쌤은 자신의 업을 퍼스널 브랜딩으로 확장했습니다.

목적도 방향도 달라 보이는 세 브랜드의 이야기는 브랜딩 관점에서 세 가지 중요한 공통점이 있습니다.

첫째는 내(브랜드)가 누구인지 잘 안다는 것입니다.

세 브랜드의 첫 번째 공통점은 내(브랜드)가 무엇을 잘할 수 있고 왜 그것을 하는지에 대한 이해가 선행되었습니다. 그 후 누구 (대상)와 관계를 맺어야 하는지를 이해했습니다.

브랜딩은 나에게서 시작해서 대상으로 향하는 것입니다. 따라서 자신의 브랜드에 대한 이해가 우선입니다. 내가 나에 대해 가장 잘 알아야 하는데 내가 나를 잘 모르면 남이 말해 주는 나를 마치 진짜 나라고 생각하게 됩니다. 내 모습은 보지 못하고 눈앞의 대상에게만 집중하면 대상이 바뀔 때마다 나의 정체성과 방향성이 흔들립니다. 바꿔 말하면 브랜딩은 분명히 대상이 있는 활동이지만 내가 중심을 잡고 방향성이 명확해야 하는 것이 우선이라는 말씀입니다.

자신의 브랜드를 자신이 잘 모르는 것을 사람으로 비유하면, 소위 '줏대' 없는 사람과 비슷합니다. 자기 생각이나 소신이 분명하지 않은 사람은 뭘 하고 싶은지도 잘 모르겠고 믿거나 의지하기가 힘듭니다.

브랜드도 마찬가지입니다. 자신의 브랜드가 어떤 브랜드인지 모르고 이리저리 콘셉트와 방향이 흔들린다면 소비자 관점에서 이 브랜드는 뭘 하고자 하는지 알기 어렵습니다.

문경장터 약돌며느리는 문경약돌 축산물을 대한민국 대표 축산물 브랜드로 만든다는 비전을 가지고 소비자에게 '안전하고 맛있는' 상품을 제공하고 있습니다. 고요별서 북스테이는 '깊이 있는 생각이 삶의 질을 바꾼다'고 믿으며 자신에게 오롯이 집중할 수 있는 공간과 콘텐츠를 제공합니다. 필라테스 윤진샘은 두 번의 교통사고와 무릎연골연화증을 겪은 후 중년을 대상으로 '통증 없이 쉽고 빠르게 근육량 늘리기'에 집중하고 있습니다.

자신이 무엇을 잘하는지, 왜 하는지를 아는 것이 세 브랜드의 공통점이며 브랜딩의 첫 출발입니다.

둘째는 일관성을 꾸준히 유지한다는 것입니다.

커피를 팔던 카페에서 부모님을 따라 아이들이 같이 온다는 이유로 김밥, 떡볶이를 팔기 시작했습니다. 어느 순간 커피 매출보다 분식 매출이 높아지기 시작했습니다.
과연 좋아해야 할 일일까요?
아이들을 위해 분식을 판매하는 좋은 아이디어로 매출이 높아졌으니 좋은 거 아니냐고 할 수도 있습니다. 하지만 조금만 생각해 보면 이제 당장 큰 고민이 다가온다는 것을 알 수 있습니다. 조용하게 혼자 시간을 보내고 싶은 손님, 커피 마시며 대화를 나누고 싶은 손님은 이제 다른 카페로 옮겼습니다. 커피 손님이 줄어서 분식 메뉴를 없애면 분식 때문에 아이들 손님 매출이 있었는데 아이들은 계속 오지만 매출은 분식 메뉴를 만들기 전으로 돌아갑니다. 한마디로 이러지도 저러지도 못하는 상황이 됩니다. 분식 메뉴를 없앴으니 조용히 커피를 즐기던 손님들이 다시 돌아올까요? 거의 그렇지 않을 것입니다. 이미 다른 카페에 적응하고 그곳에 있는 것이 더 편해지기 시작했는데 굳이 다시 돌아올 이유가 없습니다.

브랜딩도 마찬가지입니다. 소수의 팬이 되었던 고객들을 버리고 더 많은 고객을 대상으로 하고자 꾸준히 유지하던 콘셉트를 버리는 순간, 기존의 고객도 새로운 고객도 모두 만족시키지 못하게 될 것입니다.

소규모 비즈니스 론칭 초기에는 수천 명, 수만 명의 고객도 아니고 열 명, 백 명의 팬을 만들기도 쉬운 일은 아닙니다. 그럼에도 불구하고 누군가는 항상 지켜보고 있다는 것을 믿고 꾸준히 일관성을 유지해야 합니다.

현실적인 어려움은 여러 가지가 많을 수 있습니다. 특히 매출이 계획보다 안정적이지 못하다면 더욱 콘셉트와 방향을 바꾸고 싶은 유혹에 빠질 때가 많습니다. 아무도 모를 테니 이렇게 저렇게 바꿔 보기도 합니다.

이런 어려움과 고민이 있을 때 브랜딩 자체를 흔들지 말고 오히려 브랜드 구성요소를 한번 더 점검하기 바랍니다. 광고와 마케팅에서 브랜드를 날카롭게 표현하여 대상이 누구인지를 명확하게 하는 방법을 찾아보길 바랍니다. 바꿔 말하면 브랜드의 정체성은 유지하되 대상에게 좀 더 메시지를 잘 전달할 수 있는 광고와 마케팅에 집중하는 것입니다.

이때 도움이 되는 것은 카피라이팅, 소셜미디어 등입니다. 브랜드의 콘셉트를 잘 보여 주는 릴스 같은 짧은 영상도 좋습니다.

요컨대 브랜드 정체성을 꾸준하고 일관성 있게 유지하는 것이 중요하고 브랜드를 대상에게 명확하게 전달할 수 있는 카피라이팅과 미디어를 활용해야 한다는 말씀입니다. 필라테스 윤진샘의 사례를 통해 카피라이팅과 릴스 등 소셜미디어 활용법을 참고하면 좋겠습니다.

세 브랜드의 마지막 공통점은 배우고 실행한다는 것입니다.

자신이 잘 모르고 경험하지 못한 것을 잘하는 방법은 없습니다. 또한 첫술에 배부르는 법도 없습니다. 따라서 무엇인가를 잘하기 위해서는 그것을 잘하기 위해 필요한 기본적인 지식을 습득하고 실행을 통해 경험치를 높여야 합니다. 그리고 반복적인 실행으로 도전의 양을 늘이면서 퀄리티를 높여야 합니다.

누구나 이름만 들으면 아는 한 분야의 '장인' 또는 '대가'와 일반인의 가장 큰 차이점은 '압도적인 차이의 경험'일 것입니다.

브랜딩을 어떻게 해야 할지 고민은 하는데 배움이나 실행이 없다면 앞으로도 계속 고민만 할 뿐입니다. 기본적인 지식을 습득하기 위해 책을 읽고 강의는 들었지만 실행은 하지 않는다면 필드에 나가서 뛰어야 하는 선수가 관중석에 앉아 있겠다는 것과 다르지 않습니다. 배우는 이유는 실행하기 위함입니다. 실행하지 않는 배움은 아무런 변화를 만들지 못합니다.

고요별서 북스테이와 필라테스 윤진샘은 계속 책을 읽고 모르는 것은 물어보며 배운 것을 바로 실행을 합니다. 브랜딩 고민과 문제를 해결하고자 노력합니다. 당연히 나날이 발전하고 좋아질 수밖에 없습니다. 아는 것이 하나가 늘어나면 하나에 그칠 것 같지만 그렇지 않습니다. 아는 것 하나가 늘어나면서 관점과 생각이 복리로 늘어나고 확장됩니다.

아는 것은 다른 사람에게 설명할 수 있고 자신이 할 수 있는 것입니다. 우선 자신이 무엇을 아는지 모르는지부터 생각해 보고 모르는 것을 배우기 위한 노력과 실행을 멈추지 말아야 합니다.

브랜딩에 대한 지식과 경험이 없을수록 가장 먼저 해야 할 일은 '배움'입니다. 그리고 '실행'입니다.

브랜딩이 끝나지 않는 과정이듯이 브랜딩을 하는 동안 배움과 실행도 끝나지 않는다는 것을 반드시 명심하면 좋겠습니다. 그리고 이것이 제가 이 책을 쓴 이유이기도 합니다. 브랜딩 초심자가 부담스럽지 않게 배움을 시작할 수 있길 바라는 마음으로 쓰게 되었습니다.

소규모 브랜드의 공통점을 참고하여 지금 내가 운영하는 브랜드를 점검하는 기회로 삼아 보길 바랍니다. 그리고 내가 하는 비즈니스 분야에서 브랜딩을 잘하는 브랜드가 꾸준히 지키고 있는 것이 무엇인지, 그 핵심을 관찰하기 바랍니다.

 Key Message

> 성장하는 브랜드는 자신의 브랜드에 대한 이해를 하고 꾸준히 일관성을 유지하며 배움과 실행을 멈추지 않는다는 것이 공통점입니다. 성장 노하우와 팁을 찾아다니는 것보다 성장할 수밖에 없는 상황을 만드는 것이 중요합니다.

PART 4

소규모
비즈니스
브랜딩
3단계

브랜드 정체성,
브랜드 스토리텔링,
브랜드 경험

DAILY BRANDING

GOOD NEWS

EXTRA! EXTRA!

COMPANIONS
NEWSPAP
Caution, A
Bermu la
saucer ove
OMANC
KILLER
ible incident

OI

브랜딩 고민 해결과
초보 탈출을 위한 3단계

소규모 비즈니스가 브랜딩을 시작할 때 가장 먼저 하는 고민은 '뭐부터 시작하지?'입니다. 브랜드와 브랜딩이 뭔지는 조금 알겠는데 '이제 뭘 하면 되지?'라는 고민이 뒤따라옵니다.

이번 파트에서는 브랜드와 브랜딩에 대한 이해를 시작으로 어떻게 브랜딩을 하는지 3단계로 말씀드리겠습니다.

브랜딩을 표현하는 가장 간단한 한마디는 바로 "나를 나답게" 입니다. 조금 풀어서 말씀드리겠습니다. '나를'이라는 것은 남들과 다른 나를 의미합니다. 바꿔 말하면 우리 브랜드가 다른 브랜드와 무엇이 다르고 어떤 브랜드인지를 표현한다는 뜻입니다. '나답게'

라는 것은 솔직함과 진정성을 의미합니다. 다시 말해 우리 브랜드가 일관성 있게 지향하는 비전을 향해 가며 약속한 가치를 제공한다는 것을 의미합니다.

프롤로그에서 언급한 이야기이지만 중요하기에 다시 반복해 보겠습니다. 아름답다의 여러 가설 중 '나답다'라는 의미로 이해한다면 브랜딩이란 '나를 나답게' 만드는 것이기 때문에 즉, 브랜딩은 '나를 아름답게' 만드는 것입니다. 나를 아름답게 만든다는 말로 브랜딩을 이해하면 브랜딩이 좀 더 친근하고 어렵지 않게 다가올 것입니다.

브랜딩은 나답다는 것,
나답다는 것은 '아름답다'는 것,
브랜딩은 아름다운 것

브랜딩은 나를 나답게 만드는 아름다운 것이라는 이해 속에서 브랜딩을 배우고 실행하면 좋겠습니다.

나답게 살기 위해서는 가장 먼저 내가 누구인지, 무엇을 좋아하는지, 어떤 것을 잘하는지 등 나에 대해 잘 알아야 합니다. 내가 나를 모르고서는 나답다는 것이 무엇인지 말할 수 없습니다. 브랜드도 마찬가지입니다. 브랜딩을 하려면 가장 먼저 우리 브랜드가 어떤 브랜드인지, 무엇을 지향하는지, 어떤 것을 하는지가 정리되어야 합니다. 그리고 이것이 브랜딩의 첫 번째 단계 '브랜드 이해' 입니다.

우리 브랜드의 정체성을 정리하고 표현하는 것이 브랜딩의 첫 번째 단계라면 두 번째 단계는 브랜드 스토리텔링 단계입니다. 우리 브랜드의 정체성을 공감하는 대상에게 우리 브랜드에 관해 이야기하는 단계입니다. 두 번째 단계에서 중요한 것은 우리 브랜드의 스토리를 만드는 것입니다.

세계적으로 이름난 브랜드에는 스토리가 있습니다. 누군가에게 브랜드를 이야기할 때마다 꼭 빠지지 않는 히스토리와 에피소드가 있습니다.

예를 들면 코카콜라의 레시피는 전 세계에서 단 두 사람만 알고 있으며 만약의 사태를 대비하기 위해 두 사람은 함께 여행도 가지 않는다는 이야기가 있습니다. 그리고 코카콜라 병 모양의 디자인은 여성의 몸매에서 영감을 받아 만들었다는 이야기도 있습니다.

다른 예로 전쟁 영화나 영화 속 장면에서 불을 붙일 때 자주 등장하는 지포 라이터는 베트남 전쟁 당시 미군 병사의 지포 라이터가 적군의 총알을 막아서 목숨을 건졌다는 이야기가 있습니다. 그리고 총알을 막은 그 지포 라이터는 여전히 불이 잘 켜졌다고 합니다.

스토리가 있는 브랜드는 쉽게 기억되고 오래 기억됩니다. 그리고 브랜드를 떠올리거나 제품을 사용할 때마다 스토리가 연상되고 이야기하게 됩니다. 스토리가 중요한 것은 단지 브랜딩에 필요하다는 이유 때문만이 아닙니다. 스토리는 사람이 어떤 정보를 쉽고 오래 기억하기 가장 좋은 방법이기 때문입니다.

스토리가 있는 모든 브랜드가 잘 판매되고 유명해지는 것은 아니지만 판매가 잘되고 유명한 모든 브랜드는 스토리가 있습니다. 스토리가 있는 브랜드는 스토리가 없는 브랜드보다 더 매력적으로 느끼고 관심이 갑니다. 브랜드 정체성을 만든 다음에는 브랜드의 스토리를 들려줘야 합니다. 그리고 브랜드 스토리는 브랜드의 대상이 주인공이 되어야 합니다. 브랜드 대상이 주인공이 될 때 그 브랜드 스토리는 브랜드의 것이 아닌 대상의 것이 됩니다. 자신의 것이 된 브랜드를 싫어하는 사람은 없을 것입니다.

브랜드의 정체성을 정리하고 브랜드 스토리를 만든 다음(만들어 가면서) 해야 할 세 번째 단계는 브랜드 경험입니다. 브랜드 경험이란 소비자가 브랜드에 관해 보고 들은 것을 직접 또는 간접 체험하게 해야 한다는 의미입니다.

예를 들어 에버랜드 놀이기구 중 많이 알려지고 인기 있는 대표적인 놀이기구는 'T익스프레스'입니다. 만약 에버랜드에 다녀온 친구로부터 'T익스프레스'가 얼마나 스릴 넘치고 재미있는 놀이기구인지 이야기를 들었다고 하겠습니다. 에버랜드에 가본 적은 없고 놀이기구를 좋아하는 사람이라면 'T익스프레스' 이야기를 들으면서 꼭 한 번 타보고 싶다고 생각할 것입니다. 그러던 어느 날 에버랜드에서 'T익스프레스'를 타게 되었다면 그때 느끼는 경험은 아마 평생 누군가와 에버랜드 이야기할 때마다 꺼내는 단골 이야기 소재가 될 것입니다.

요컨대 브랜드가 전달하는 이야기를 실제로 소비자가 경험할 때 브랜드가 이야기하는 것보다 훨씬 더 다양한 감정을 느끼고 공감하게 된다는 것입니다.

에버랜드가 'T익스프레스'가 얼마나 재미있는지를 이야기하기 위해 많은 돈을 들여 광고하는 것보다 직접 한 번 타보는 것이 훨씬 더 직접적으로 브랜드를 경험하고 좋은 감정을 남길 것입니다.

'백문이 불여일견(百聞不如一見)'이라는 말이 있습니다. 백 번 듣는 것보다 한 번 보는 것이 낫다는 뜻으로, 무엇이든 자신이 직접 경험해 봐야 제대로 알 수 있다는 의미입니다.

브랜드 경험도 마찬가지입니다. 아무리 우리 브랜드가, 제품이 좋다고 이야기하는 것보다 소비자가 직접 한 번 경험하는 것이 더 낫습니다. 경험해 보면 말하지 않아도 알기 때문입니다.

브랜드 경험이 중요한 이유는 '브랜드 가치를 높이 수 있다는 것'입니다. 브랜딩을 해야 하는 이유 중 하나이기도 합니다. 체험을 통해 소비자에게 브랜드의 긍정적 이미지를 인식시키고 소비자가 브랜드의 비전과 메시지를 공감할 수 있기 때문에 다른 브랜드가 아닌 우리 브랜드를 선택하는 이유를 만듭니다. 그리고 선택은 지속적인 구매와 추천으로 이어지고 매출이 됩니다.

　　이제 브랜딩의 3단계가 각각 의미하는 것을 이해했으리라 믿습니다. 다음 장부터 소규모 비즈니스의 브랜딩 3단계 '브랜드 정체성', '브랜드 스토리텔링', '브랜드 경험'에 대해 구체적으로 말씀을 드리겠습니다.

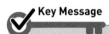

Key Message

초보 탈출을 위한 브랜딩 3단계에 따라 지금 하는 브랜딩을 점검해 보기 바랍니다.

O2

브랜딩 초보 탈출 1단계:
브랜드 정체성

◈ 나는 누구인가

브랜드 정체성은 '우리 브랜드는 어떤 브랜드인가'를 말합니다. 사람으로 바꿔 말하면 '나는 누구인가'로 말할 수 있습니다.

브랜드 정체성은 다시 '메시지'와 '디자인'으로 나눌 수 있습니다. '메시지'는 소비자가 브랜드를 연상하거나 경험했을 때 브랜드가 전달하고 싶은 의미이고 '디자인'은 소비자가 브랜드를 물리적으로 경험할 수 있는 표현입니다.

메시지에 해당하는 것은 브랜드 비전, 목적, 가치 등입니다. 브랜드가 왜 만들어졌고 왜 존재해야 하는지에 대한 의미를 구성하는 요소들입니다. 디자인에 해당하는 것은 로고, 슬로건, 컬러, 상품 등입니다. 의미를 눈으로 보고 귀로 듣고 손으로 만지고 경험할 수 있도록 표현되는 모든 것입니다.

사람으로 바꿔 말하면 메시지는 그 사람의 생각과 가치관에 해당하고 디자인은 말과 행동에 해당합니다.

누군가를 이해하려면 그 사람의 말과 행동을 보고 그의 생각과 가치관을 알아야 하듯이 브랜드도 마찬가지입니다. 소비자는 브랜드 메시지와 디자인을 통해 브랜드 정체성을 알 수 있습니다.

누군가를 신뢰하려면 그 사람의 말과 행동이 일치하는지를 보고 판단합니다. 말과 행동은 생각과 가치관이 반영되어 있으므로 언행이 일치하는지를 보면 그 사람의 생각과 가치관이 얼마나 굳건하고 뚜렷한지도 알 수 있습니다. 브랜드도 마찬가지입니다. 일관된 메시지와 디자인으로 브랜드가 하고자 하는 일을 왜 하는지를 보여 주는 것은 브랜드의 신뢰를 높이는 방법입니다.

누군가가 좋아지고 친해지고 싶고 자주 만나고 싶다면 가장 처음 그 사람의 말과 행동, 외모가 호감이 가기 때문일 것입니다. 그리고 자주 만나다 보니 그 사람이 더 좋아지고 사랑까지 하게 되고 헤어지기가 싫어진다면 그 사람의 생각, 가치관이 점점 더 좋아지기 때문일 것입니다.

브랜드도 마찬가지로 처음에는 예쁘고 귀엽고 멋있고 개성 있는 등의 다른 브랜드와 차별화된 외향적 매력에 끌릴 수 있습니다. 외향적 매력에 끌린 후에는 브랜드가 전하고 싶은 메시지, 브랜드의 비전, 가치관, 탄생 배경과 스토리에 더 많은 내향적 매력에 끌리게 됩니다.

이를 메시지와 디자인으로 나누어 말씀드리면, 디자인(외향적 매력)에 끌려 메시지(내향적 매력)를 좋아하게 되는 과정입니다.

결혼을 앞둔 미혼 남녀 중 유독 '외모'에 집착하는 사람에게 기혼자가 흔히 하는 조언 중 하나가 "평생 얼굴 뜯어 먹고살 거 아니다"라는 말입니다. 이 조언의 숨은 의미 중 하나는 외적인 아름다움의 유통기한은 내적인 아름다움의 유통기한보다 짧다는 것을 말하고자 하는 것입니다.

주변에 행복한 결혼 생활을 오래 유지하는 사람들을 관찰해 보면 이 말이 무슨 뜻인지 좀 더 쉽게 이해할 수 있습니다. 다른 사람이라면 언제 웃어야 할지 모를 그의 유머가 유독 나에게는 맞춤형 유머일 수 있습니다.

브랜드도 마찬가지입니다. 다른 사람에게는 브랜드가 전달하는 메시지와 지향하는 가치가 큰 의미가 없지만, 나에게는 세상 사람을 향해 내가 하고 싶은 말을 대신해 주는 것일 수 있습니다.

◈ 해체와 조립

브랜드 정체성을 만드는 첫 번째 단계는 지금 하는 비즈니스를 브랜딩의 정체성 구성요소로 나누고 다시 조립하는 것입니다. 나누고 조립한다는 것이 무엇인지는 '레고'를 생각해 보면 무슨 뜻인지 이해가 쉽습니다.

만약 크리스마스 시즌을 앞두고 크리스마스트리 모양의 7세~8세 아동용 레고가 출시되었다고 가정하겠습니다. 상자 위 크리스마스트리 레고가 완성된 사진을 보고 레고를 만들면 '이 사진과 같은 모습이겠구나'라고 기대하고 구매합니다.

크리스마스트리 레고를 만들기 위해 가장 먼저 할 일은 포장지를 뜯고 크리스마스트리를 구성하는 레고 브릭들을 정리하는 것입니다.

브릭들을 정리하는 가장 쉬운 방법의 하나는 브릭을 색상별로 모으는 것입니다. 각 조립의 단계별로 필요한 브릭을 색상별로 모아두었다가 필요한 브릭이 생기면 먼저 그 브릭의 색상을 보고 모아 둔 브릭에서 찾으면 좀 더 쉽게 찾을 수 있습니다.

그 후에는 설명서를 따라 조립하다 보면 어느새 내가 기대했던 상자 위 사진 속 크리스마스트리 레고가 완성됩니다. 브랜드 정체성을 만들기 위한 비즈니스의 해체와 조립도 크리스마스트리 레고 만들기와 마찬가지입니다.

혹시 레고를 다 만들었는데 이상하게도 브릭이 몇 개 남는다면 여분이 아닌 이상 분명 어딘가에 들어가야 할 브릭을 빠트리고 조립하지 않은 것입니다. 그 브릭을 아무 곳에나 끼워 넣는다면 처음 만들고자 했던 레고와는 다른 모습이 될 것입니다. 그러므로 이미 만들어진 레고라도 해당 부속이 들어가야 할 곳을 찾기 위해 다시 해체하고 조립해야 합니다.

처음 시작하는 비즈니스가 아니라 이미 지속하고 있는 비즈니스라도 해체와 재조립의 단계는 필요합니다. 잘못 만들어진 것을 유지하면서 거기에 새로운 것을 덧붙인다고 하더라도 잘못 만들어진 것에는 변함이 없습니다. 제대로 만들기 위해서, 새롭게 만들기 위해서는 덧붙이기가 아니라 해체하고 다시 시작하는 것이 오히려 시간과 노력을 아끼는 방법입니다.

우리가 만들고자 하는 브랜드 정체성은 다양한 요소들로 구성되어 있습니다. 완성하려면 브랜드 정체성을 구성하는 요소들을 일단 흩어 놓고 다시 정리해서 조립해야 합니다.

전문가들에 따라 다양한 이론과 의견들이 있지만 제가 생각하는 소규모 비즈니스의 브랜드 정체성을 구성하는 요소는 다음의 다섯 가지가 기본입니다.

1. 브랜드 콘셉트(concept): 브랜드의 존재 이유

2. 브랜드 비전(vision): 브랜드의 미래

3. 브랜드 가치(value): 브랜드의 혜택

4. 브랜드 타깃(target): 브랜드의 공감

5. 브랜드 메시지(message): 브랜드의 가치관

지금 하는 비즈니스를 위의 다섯 가지 브랜드 정체성 구성요소로 해체하고 각각을 한 문장으로 작성해 보면 좋겠습니다.

가장 먼저 브랜드 콘셉트는 '왜 우리 브랜드가 존재해야 하는가?'에 대한 답입니다. '콘셉트'의 사전적 의미는 '개념, 관념'을 의미합니다. 일상용어로서 콘셉트는 겉으로 보이는 느낌, 행동의 의도와 이유 등으로 많이 쓰입니다.

브랜드의 콘셉트는 좀 더 넓은 의미를 지닙니다. 예를 들면 '파타고니아'의 브랜드 콘셉트는 창업자 이본 쉬나드의 편지에서 이해할 수 있습니다.

"이제 파타고니아의 유일한 주주는 지구입니다.
우리가 향후 50년 동안 사업을 성장시키겠다는 생각보다 지구를 되살리겠다는 희망을 훨씬 크게 갖고 있다면, 우리가 가진 모든 자원을 사용하여, 할 수 있는 일을 해야 합니다. 바로 이것이 우리가 할 수 있는 일입니다."

파타고니아는 이본 쉬나드의 편지에서 밝히고 있듯이 지구를 되살리는 일을 하는 것이 회사의 콘셉트입니다. 이를 위해 이본 쉬나드는 파타고니아가 추구하는 가치가 변하지 않도록 회사의 정관에 명문화했습니다. 2018년에는 회사 운영의 목적을 다음과 같이 바꿨습니다.

　　"우리는 우리의 터전 지구를 되살리기 위해 사업을 합니다."

　　파타고니아의 콘셉트를 이해한다면 회사의 비전, 목적, 가치, 메시지는 자연스럽게 따라서 옵니다. 존재 이유가 정해졌으니 무엇을 왜 해야 하는지가 명확해진다는 의미입니다.

　　또 다른 예를 들어 보겠습니다.
　　최근 가장 관심이 많았던 요리 경연 프로그램이라고 하면 '흑백요리사'를 꼽을 수 있습니다. 국내뿐만 아니라 전 세계적으로 인기를 끌고 출연자들의 이야기가 화제가 되었습니다.
　　심사위원으로 참여했던 국내 유일의 미슐랭 3스타를 받은 '모수'의 안성재 쉐프도 화제의 인물 중 한 명이었습니다. 그의 심사평을 흉내 내는 패러디 영상도 많이 만들어졌습니다. 프로그램 내내 수많은 요리를 맛보았던 안성재 쉐프가 '흑백요리사'에서 가장 기억에 남았던 요리는 무엇이었을까요?

　　한 인터뷰에 따르면 그가 꼽은 가장 기억에 남는 요리는 '급식대가'님의 요리였습니다. 그는 "다 기억에 남는데 테크닉과 화려함과 여러 가지가 있지만, 제 마음을 따뜻하게 했던 건 급식을 먹었을 때였습니다. 저는 정성스럽게 진심을 담아서 하신 음식들을 즐기는 편인데 그게 너무 뚜렷하게 보여서 만족했던 것 같습니다"라고 했습니다.

하북초등학교의 급식 조리사였던 급식대가님은 백종원 대표로부터 스카우트 제안도 받았고 현재 학교를 떠나 기업의 조리 컨설턴트로 활동하며 바쁜 나날을 보내고 있다고 합니다. 급식대가님의 마지막 출근 날 은퇴 기념 촬영된 영상을 보면 '진정성이 있는 조리사, 배가 아닌 마음을 채우는 조리사'라며 함께 근무한 동료들의 칭찬과 소감이 이어졌습니다.

전국의 학교 급식을 담당하고 있는 조리사님은 많습니다. 그러나 브랜드가 된 조리사는 거의 없습니다. 흑백요리사 출연을 계기로 급식대가님은 '추억과 감동이 있는 급식'을 만드는 조리사로 하나의 브랜드가 되었습니다.

지금 하는 비즈니스의 콘셉트를 한마디로 써보기를 바랍니다. 그리고 우리 브랜드가 만약 어느 날 세상에서 없어진다면 아쉬워하고 그리워할 사람이 있을지도 생각해 보기 바랍니다. 파타고니아가 그렇고 급식대가님이 그렇듯이 콘셉트가 있는 브랜드는 만약 세상에서 없어진다면 그리워하고 아쉬워하는 사람이 있는 브랜드입니다.

브랜드 비전은 브랜드가 앞으로 만들고자 하는 미래를 표현하는 것입니다. 비전이라는 말은 쉽게 표현하면 아직 이루지 못한 계획이기도 하고 희망이나 꿈일 수도 있습니다.

비전은 홈페이지의 기업 소개에서 가장 먼저 등장하고 단체, 모임에서 신년이 되면 가장 많이 언급하는 단어이기도 합니다. 정치인들도 선거 운동할 때 자신의 비전을 가장 먼저 언급합니다.

세계에서 가장 유명한 비전 중 하나는 '우주'에 관한 것입니다. 1962년 미국 RICE 대학에서 존 F. 케네디 대통령은 "우린 달에 가기로 결정했습니다"라며 우주를 향한 비전을 선포했습니다. 그리고 "향후 10년 이내에 달에 가서 새로운 일을 하게 될 것"이라고 했습니다. 그로부터 약 7년이 지난 1969년 7월 20일, 인류 역사상 처음으로 달에 첫발을 디딘 닐 암스트롱이 탄 아폴로 11호가 달에 착륙했습니다.

2050년까지 화성에 100만 명을 이주시키겠다는 비전을 가진 스페이스X의 대표 일론 머스크는 앞으로 2년 안에 '스타십' 무인 우주선 5대를 화성으로 발사하겠다고 발표했습니다. 이 우주선들이 모두 안전하게 착륙하면 4년 후에는 유인 임무가 가능하다고 합니다.

존 F. 케네디와 일론 머스크가 그들의 비전을 처음 발표했을 때만 하더라도 그것을 비웃고 무시하는 사람들도 분명히 있었습니다. 하지만 시간이 지난 지금은 어떨까요? 존 F. 케네디는 인류를 우주에 보낸 명연설을 한 대통령으로 남았고 일론 머스크의 비전을 지지하는 사람은 늘어나고 있습니다.

브랜드 비전이 '우주 여행'과 같이 거대하고 인류를 대상으로 하는 것만을 의미하는 것은 아닙니다. 다만 비전이라는 것은 소비자가 브랜드의 꿈을 지지하고 응원할 만큼의 크기가 되어야 합니다.

예를 들면 우리 동네 최고의 분식집이 되는 것이 비전이라는 것과 세계로 진출해서 전 세계 어디서든 우리 분식을 맛볼 수 있게 하는 것이라는 비전은 서로 큰 차이가 있습니다. 첫 번째 우리 동네 최고의 분식집이 되는 것은 눈에 보이고 손에 잡히는 일이라서 굳이 내가 응원하지 않아도 가능한 수준입니다. 기대되거나 상상되는 일이 아니라는 뜻입니다. 그에 비해 두 번째 세계로 진출하는 것은 상상만 해도 기대되고 흥분되는 일입니다. 비전은 누구나 쉽게 이룰 수 있는 것이라면 그것을 비전이라고 부르지 않습니다. 그리고 비전이 쉽게 이룰 수 있는 것이라면 그것을 향한 시간과 노력도 상대적으로 낮은 수준이 필요합니다.

우리가 누군가의 비전에 가슴 벅차고 흥분하고 기대하는 것은 그 비전이 이루어지면 좋겠다는 희망을 주기 때문입니다. 브랜드의 비전이 아무런 감흥을 주지 못하거나 기대하게 만들지 못한다면 그것에 공감하는 소비자가 있을 리가 없습니다.

브랜드의 비전은 브랜드가 꿈꾸는 미래입니다.

그리고 그것을 함께 이루고 싶은 소비자의 응원과 지지를 받을 수 있을 만큼의 크기여야 합니다. 브랜드의 지향점이면서 브랜드 혼자서는 이루기 힘들지만, 함께 하는 사람들이 있다면 가능할 수 있는 것이 되어야 합니다.

지금이 작고 초라하다고 해서 비전도 그래야 하는 것은 아닙니다. 우리 브랜드를 응원하고 지지하는 사람들의 꿈을 이루어 줄 것이라는 마음으로 브랜드 비전을 한 줄로 써보길 바랍니다.

브랜드 정체성을 구성하는 세 번째 요소는 브랜드 가치입니다. 브랜드 가치는 소비자가 우리 브랜드와 함께 할 때 얻을 수 있는 혜택입니다. 브랜드의 메시지가 공허한 메아리가 아닌 실질적인 도움이 되는 무엇을 줄 수 있는가에 관한 이야기입니다. 다만 이 가치는 단지 표면적인 혜택 이상의 것을 의미합니다.

예를 들면 외국어를 가르치는 학원의 표면적인 혜택은 학원생들이 외국어를 잘하게 돕는 것입니다. 하지만 브랜드의 가치는 학원생들이 '왜 외국어를 잘하고 싶은가?'에 관한 답입니다. 바꿔 말하면 외국어를 잘해서 최종적으로 무엇을 이루고 싶은가?, 어떤 문제를 해결하고 싶은가에 대한 답이라는 뜻입니다. 학원생들이 외국어를 배우는 근본적인 욕구를 해결해야 한다는 의미입니다.

누군가는 외국어를 잘해서 전 세계 여행이라는 꿈을 이루고 싶은 사람이 있을 수 있습니다. 누군가는 외국어를 잘해서 입사를 희망하던 외국 회사에 취업하고 싶은 사람이 있을 수 있습니다. 결국 외국어를 잘해서 학원생들이 이루고 싶은 꿈을 이루고 고민하는 문제를 해결할 수 있을 때 학원생들의 꿈을 이뤄 주는 외국어 학원이라는 브랜드의 가치가 의미가 있는 것입니다.

제가 브랜딩을 돕고 있는 고요별서의 예를 들어 보겠습니다. 고요별서는 북스테이 브랜드입니다. 북스테이가 제공하는 표면적인 혜택은 책을 읽고 글을 쓰고 조용히 사색할 수 있는 공간을 제공하는 것입니다. 그런데 이와 같은 공간을 제공하는 것은 반드시 북스테이에서만 제공하는 혜택이 아닙니다.

일반적인 스테이에 책을 갖다 놓기만 해도 가능할 수도 있습니다. 책을 전시한 일반적인 스테이와 고요별서의 가장 큰 차이점은 고요별서는 깊이 있는 생각이 삶의 질을 변화시킨다는 것을 믿는다는 것입니다.

따라서 단지 조용한 숙박이 가능한 공간에 책을 놓는 것만으로는 브랜드의 가치를 전달할 수 없고 꼭 그곳을 방문해야 하는 이유를 제공할 수 없습니다. 그렇다면 고요별서는 어떻게 브랜드 가치를 제공해야 할까요? 우선 타깃에 대한 이해가 필요합니다. 고요별서의 타깃은 자신만의 시간을 갖고 생각을 정리하고 독서와 쉼을 원하는 사람입니다. 이들이 원하는 것은 복잡한 일상에서 벗어나 누구에게도 방해받지 않을 나만의 자유입니다. 이들은 깊이 있는 생각을 통해 삶의 질을 향상하고 싶어 하는 사람입니다.

고요별서가 제공하는 가치는 북스타그래머인 호스트가 직접 선정한 북리스트를 제공하고 책을 읽고 글을 쓰기 위한 공간과 도구를 제공합니다. 깊이 있는 생각을 하는 데 도움이 되는 육체적, 정신적 힐링을 위한 자쿠지, 족욕, 안락한 쇼파와 침대, 고요한 남해를 바라볼 수 있는 공간을 제공합니다. 그뿐만 아니라 홈페이지, 인스타그램 등을 활용해서 생각을 정리하고 깊이 있는 생각에 도움이 되는 책과 글을 소개합니다.

요컨대 고요별서가 제공하는 브랜드 가치는 단순히 하루 조용히 묵을 남해 인근의 숙소가 아닌 삶의 질 향상을 위해 깊이 있는 생각을 할 수 있는 시간과 공간을 제공하는 것입니다. 고요별서에 다녀가기 이전보다 다녀간 이후의 삶에 긍정적 변화를 만드는 것이 고요별서가 제공하는 가치입니다.

이처럼 브랜드 가치는 표면적인 혜택뿐만 아니라 우리 브랜드를 선택한 사람이 진정으로 원하는 것이 무엇인가의 답이 되어야 합니다.

네 번째 구성요소는 브랜드 타깃입니다. 타깃은 말 그대로 브랜드의 대상이 되는 소비자입니다. 다만 여기서 고려할 것은 대상을 어떻게 구분하느냐입니다. 일반적으로 광고에서 대상을 구분할 때는 성별, 연령, 나이, 거주지, 관심사 등으로 구분합니다. 그러나 브랜드 타깃은 인구 통계학적인 타깃이 아닌 '가치관'을 중심으로 구분합니다. 즉 브랜드와 타깃이 서로 공감하는 것이 같은가 다른가를 기준으로 구분합니다.

예를 들어 20대 미혼 남성과 40대 기혼 여성 두 사람이 있다고 가정하겠습니다. 이 두 사람의 성별, 연령, 거주지, 소득수준 등은 전혀 다릅니다. 일반적인 광고에서 같은 타깃으로 구분하기는 어렵습니다.

하지만 이 두 사람이 환경 문제의 심각성에 대한 가치관이 같을 수는 있습니다. 따라서 제로 웨이스트(zero waste, 모든 제품, 포장 및 자재를 태우지 않고, 환경이나 인간의 건강을 위협할 수 있는 토지, 해양, 공기로 배출하지 않으며 책임 있는 생산, 소비, 재사용 및 회수를 통해 모든 자원을 보존하는 것)를 비전으로 하는 브랜드의 대상으로는 두 사람 모두 해당할 수 있습니다.

이처럼 브랜드 타깃이라는 것은 단순히 성별, 연령, 거주지 등 인구통계학적인 구분이 아닌 가치관 중심의 공감을 기준으로 생각해야 합니다.

브랜드가 지향하는 가치관에 공감하는 사람이 브랜드의 타깃이 된다는 것을 이해하면 기존의 브랜드 타깃이라고 생각했던 대상이 달라질 수 있습니다. 누구나 대상이라는 것은 아무도 대상이 아니라는 것과 같습니다. 브랜드의 대상이 많을수록 좋은 것은 브랜드가 지향하는 가치관이 그만큼 뾰족하지 않고 두루뭉술하다는 뜻이 될 수 있습니다. 브랜드 대상을 넓히고자 이도 저도 공감할 수 없는 메시지를 던지는 경우가 그렇습니다. 이는 장기적으로 브랜드의 차별성을 모호하게 만들고 의미를 희석하는 결과가 만들어질 수 있습니다. 브랜드 타깃은 좁고 깊을수록 더욱 나다움을 만드는 방법이라는 것을 잊지 말아야 합니다.

마지막으로 브랜드 정체성을 구성하는 요소는 브랜드 메시지입니다. 브랜드 메시지는 다양하게 표현될 수 있습니다. 글이 될 수도 있고 이미지나 영상이 될 수도 있습니다.

예를 들면 나이키 광고를 보면 어려움과 부당함에 맞서 자신의 꿈을 향해 끊임없이 노력하고 도전하는 사람들의 모습을 볼 수 있습니다. 나이키가 어떤 메시지를 전달하고 싶은지를 광고 이미지와 텍스트로 보여 줍니다. 브랜드 메시지는 브랜드가 어떤 가치관을 가지고 있는지를 표현하는 방법입니다. 일반적으로 브랜드 슬로건으로 표현됩니다. 나이키의 'Just Do It', 애플의 'Think Different' 같은 것이 있습니다. 슬로건은 고정된 것은 아닙니다. 브랜드의 핵심 가치관을 유지하되 시기와 상황에 따라 다르게 표현할 수도 있습니다. 바꿔 말하면 브랜드의 메시지가 '지구 환경을 지키자'라는 가치관이라면 슬로건으로는 'Green Planet is a Better Planet' 또는 'Every Day is Earth Day'라고 표현할 수도 있다는 것입니다.

해마다 진행하는 광고 캠페인마다의 슬로건은 달라질 수 있습니다만 이 역시 브랜드가 전달하고자 하는 가치관을 메시지로 표현하는 것입니다. 슬로건을 통해 브랜드가 전달하고 싶은 메시지를 알 수 있습니다.

브랜드 메시지는 브랜드의 콘셉트, 비전, 가치 등을 담아 브랜드 타깃에게 전달하는 것입니다. 앞서 브랜드 정체성을 구성하는 요소들을 소비자는 브랜드 메시지로 알게 됩니다. 글, 이미지 또는 영상 등 다양한 형태의 콘텐츠가 될 수도 있고 온라인, 오프라인에서 브랜드 경험이 될 수도 있습니다. 어떤 형태와 방법이 되었든 브랜드 메시지는 브랜드가 어떤 생각을 하고 있는지를 표현한다는 것은 다름없습니다.

브랜드 메시지를 사람으로 바꿔 설명하면 소개팅을 나가서 내가 어떤 사람인지 보여 주고 싶은지를 외모, 말과 행동으로 보여 주는 것이라고도 할 수 있습니다. 상대방은 그의 차림새, 말, 행동을 보고 어떤 사람인지 유추할 수 있듯이 브랜드에서도 브랜드 메시지를 보거나 듣거나 경험하고 브랜드의 가치관을 이해하고 공감할 수 있습니다.

브랜드 메시지를 정리하기 위해서는 앞서 말씀드린 브랜드 정체성 구성요소들의 정리가 선행되어야 합니다. 후킹을 목적으로 하는 광고 카피를 먼저 쓰기보다는 우선 브랜드 정체성을 구성하는 요소를 순서대로 정리한 후 브랜드 메시지를 써보길 바랍니다. 그러면 자연스럽게 브랜드를 대표하는 키워드가 떠오를 것입니다. 그리고 그 키워드를 공감하는 사람들이 연상되고 그들을 대상으로 하고 싶은 한마디를 써보길 추천해 드립니다.

Key Message

브랜드 정체성을 구성하는 요소를 이해하고 직접 한 문장으로 써 보길 바랍니다.
브랜드 콘셉트(concept): 브랜드의 존재 이유
브랜드 비전(vision): 브랜드의 미래
브랜드 가치(value): 브랜드의 혜택
브랜드 타깃(target): 브랜드의 공감
브랜드 메시지(message): 브랜드의 가치관

03

브랜딩 초보 탈출 2단계:
브랜드 스토리텔링

스토리는 인류가 서로에게 정보를 전달하는 가장 효율적이고 오래된 방법입니다. 현재까지 발견된 특정 이야기를 담은 가장 오래된 벽화는 인도네시아 술라웨시섬에서 발견된 돼지 동굴 벽화로 무려 5만 1,200년 전 그려진 것이라고 합니다.

벽화를 연구한 막심 오베르 그리피스대 고고학자는 "이것은 스토리텔링의 가장 오래된 증거"라며 "초기 인간이 예술을 통해 이처럼 정교한 이야기를 전달할 수 있었다는 사실은 인간의 인지적 진화에 대한 우리의 이해를 새롭게 써낼 수 있다"고 말했다고 합니다.

한 아버지가 어린 자녀와 함께 어느 브랜드의 과자를 처음 먹었을 때를 이야기하는 모습을 상상해 봅니다. 어머니가 사다 준 과자를 처음 먹으면서 느꼈던 감정과 상황에 관해 이야기하며 그때와 지금도 그 맛이 변함이 없다며 당시를 추억하는 모습을 상상할 수 있습니다.

과자를 먹는 아버지가 과자의 성분, 질감, 포장지의 재질과 로고의 변화에 관해 이야기하는 사람은 없을 것입니다. 과자는 아버지의 이야기로 기억되기 때문입니다.

AI가 일상에서 사용되고 인류의 화성 이주를 이야기하는 지금에도 사람들은 스토리로 정보를 주고받고 의미를 전달합니다. 5만 년 전 사람들과 비교해서 요즘의 사람들이 스토리를 전달하는 방법은 더 빠르고 다양해졌을지 몰라도 사람들이 특정 정보를 스토리로 더 오래 기억한다는 것은 변하지 않았습니다.

브랜드도 마찬가지입니다. 모든 브랜드가 스토리가 있는 것은 아니지만 오래도록 사랑받는 브랜드는 스토리가 있습니다.

브랜드 정체성이 정리되었다면 브랜드의 정체성을 전달하고 오래 기억할 수 있으며 다른 브랜드와 차별화될 수 있는 브랜드 스토리텔링을 해야 합니다. 그리고 스토리는 브랜드의 대상이 주인공이 되어야 합니다.

예를 들면 지포 라이터의 스토리는 지포 라이터를 가슴에 품고 전쟁터에 나갔던 군인이 등장합니다. 지포 라이터 덕분에 목숨을 건진 그의 지포 라이터는 여전히 사용할 수 있다는 스토리가 전해집니다. 지포 라이터를 처음 보는 사람에게 이 라이터가 얼마나 혹독한 환경에서도 변함없이 불을 켤 수 있는지를 브랜드 스토리로 이야기하게 됩니다.

에어비앤비는 창업자들이 거주하던 아파트에서 숙소를 찾는 낯선 사람들에게 공기 매트리스와 아침 식사를 제공하면서 시작되었습니다. 누군가 에어비앤비가 무슨 뜻인지를 물을 때면 창업자들의 이야기를 전하며 그들의 아이디어가 창업 초창기에 많은 투자자로부터 혹평받았으며 그런데도 바퀴벌레 같은 생명력으로 수많은 난관을 뚫고 지금에 이르렀는지를 이야기하게 됩니다.

브랜드 스토리를 듣는 대상은 그 이야기 속의 주인공이 되어 자신이 그 브랜드를 경험하게 되었을 때를 상상하게 됩니다. 그리고 자신이 고민하고 욕망하는 것을 브랜드가 해결해 줄 수 있다는 생각이 들수록 브랜드가 익숙해지고 좋아지게 되며 브랜드를 소유하고 싶어집니다. 그리고 자신도 브랜드 스토리를 다른 사람에게 이야기합니다.

브랜드 스토리텔링 하기 위해서는 브랜드 스토리를 만들어야 합니다. 브래드 스토리는 다음의 조건이 필요합니다.

첫째, 브랜드의 대상이 브랜드를 통해 무엇을 얻을 수 있는지가 담겨 있어야 합니다. 브랜드의 콘셉트, 비전, 가치가 스토리에 녹아 있어야 한다는 의미입니다. 브랜드 스토리를 들었음에도 브랜드가 기억되지 않는다면 브랜드 스토리로서의 가치는 없습니다. 나이키의 브랜드 스토리를 들었는데 맥도날드가 연상되어서는 안 됩니다. 너무 당연하지만 중요한 조건입니다. 따라서 브랜드 스토리는 브랜드가 전달하고자 하는 브랜드 정체성이 담겨야 하고 스토리를 듣는 대상에게 자신이 브랜드의 주인공으로서 얻을 수 있는 것이 무엇인지가 담겨 있어야 합니다.

둘째, 듣는 대상이 이해하기 쉽고 짧고 명확해야 합니다. 가장 좋은 스토리텔링의 예시는 토끼와 거북이 같은 전래동화입니다. 만약 브랜드 스토리를 토끼와 거북이 같은 전래동화처럼 만들 수만 있다면 심지어 초등생들도 쉽게 이해하고 기억할 수 있을 것입니다. 전래동화의 스토리텔링은 일반적인 구조가 있습니다. 주인공과 해결해야 할 문제가 있습니다. 해결 과정에서 예상치 못한 고난을 겪습니다. 마지막은 누군가를 통해 도움을 받거나 힌트를 얻고 고난을 해결합니다. 이 구조는 오랜 구전을 통해 가장 이야기가 쉽게 기억되고 전달하기 쉽게 만들어진 것입니다. 따라서 브랜드 스토리의 구조도 전래동화와 같은 구조에 대입하여 정리해 보는 것도 좋은 방법입니다. 그리고 스토리가 주는 교훈은 하나의 메시지로 요약할 수 있습니다. 흥부와 놀부가 그렇고 은혜 갚은 까치가 그렇습니다. 브랜드 스토리텔링도 하나의 메시지로 요약될 수 있어야 합니다.

셋째, 메시지는 한 가지여야 합니다. 글을 쓸 때도 한 문장에 하나의 메시지만 포함해야 무슨 말을 하고 싶은지 이해하기 쉽습니다. 마찬가지로 브랜드 스토리가 전하는 메시지도 한 가지여야 합니다. 그리고 하나의 키워드로 요약할 수 있어야 합니다. 예를 들면 나이키의 브랜드 스토리는 '도전'으로 요약할 수 있습니다.

브랜드 스토리를 만들었다면 '스토리텔링'을 해야 합니다. 스토리를 전하는 방식은 다양할 수 있습니다. 만약 오프라인 공간에서는 어떻게 전할 수 있을까요? 공간의 인테리어, 장식, 소품 등에서 가장 먼저 전달할 수 있습니다. 방문자를 응대하는 방식, 상품과 서비스를 제공하는 방법으로도 전달할 수 있습니다.

예를 들면 같은 메뉴를 제공하는 두 개의 식당이라도 한 곳은 모던한 분위기의 인테리어와 식기를 제공하는 곳이 있는 반면에 다른 한 곳은 마치 중세 유럽의 식당처럼 엔틱한 인테리어와 식기를 제공하는 곳이 있을 수 있습니다. 두 곳은 각기 다른 브랜드 스토리를 전달하고 있는 것입니다. 식당의 브랜드 스토리를 찾아 읽어 보면 방문객들은 이 식당들이 어떤 스토리를 전달하고 싶은지 그것이 물리적으로 어떻게 표현되고 그것을 통해 어떤 경험과 감정을 느끼길 원하는지 알 수 있습니다. 마찬가지로 두 곳의 식당을 방문하는 고객들도 서로 다른 것을 찾는 사람들이 가능성이 큽니다. 모던한 분위기를 좋아하는 사람과 엔틱한 분위기를 좋아하는 사람으로 나뉠 테니까요.

온라인에서도 스토리텔링을 할 수 있을까요? 쉬운 예로는 홈페이지, 소셜미디어 등에서 제공하는 글, 이미지, 영상 등으로 할 수 있습니다. 브랜드의 상품 또는 서비스의 디자인에서도 할 수 있습니다. 광고와 마케팅 콘텐츠를 통해서도 가능합니다.

오프라인과 온라인 어느 곳에서도 중요한 한 가지는 '일관성'입니다. 다양한 방식과 형태의 스토리텔링이라고 하더라도 브랜드가 전달하고자 하는 메시지는 같아야 합니다.

예를 들어 '혁신'이라는 키워드로 요약되는 브랜드 스토리를 전달하고자 하는 브랜드가 온라인에서는 혁신을 표현하는 콘텐츠를 만들지만 과거와 같은 방식의 변화 없는 상품과 서비스를 내놓으면서 혁신과는 거리가 먼 이미지의 모델과 광고를 만든다면 어떨까요? 이 브랜드가 이야기하고 싶어 하는 '혁신'이라는 키워드는 그것을 더욱 강력하고 일관성 있게 주장하는 브랜드에게 오래지 않아 뺏길 것입니다.

브랜드 스토리텔링은 브랜드의 스토리를 브랜드가 제공하는 제품 또는 서비스, 콘텐츠 등에 일관되게 같은 메시지를 전달하는 것입니다. 브랜드의 대상은 스토리텔링을 통해 브랜드가 전달하는 메시지를 자신의 이야기로 느끼고 감정적으로 브랜드와 연결됩니다. 브랜드를 소유하는 것으로 브랜드의 이야기가 자신의 이야기로 바뀌고 변화를 느끼게 되는 것입니다.

예를 들면 나이키 신발을 신으면 마치 더 높이 더 빠르게 달릴 수 있을 것만 같은 기분을 느끼고 빨리 밖으로 나가 신발을 신고 뛰어 보고 싶어지는 것과 같습니다. 브랜드 스토리텔링의 주인공이 되는 경험을 하는 것입니다.

브랜드는 스토리텔링을 통해 브랜드의 대상에게 브랜드의 정체성을 전달하는 것이라는 점을 기억하고 우리 브랜드의 스토리 개발과 그것을 어떻게 전달할지를 생각해 보면 좋겠습니다.

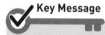
Key Message

브랜드 메시지는 브랜드 정체성을 담고 이해하기 쉬워야 하며 한 가지 메시지만을 이야기해야 합니다.

04

브랜딩 초보 탈출 3단계: 브랜드 경험

브랜딩 초보 탈출의 마지막 단계는 브랜드의 대상이 직접 또는 간접으로 브랜드를 경험하는 것입니다. 브랜드 경험은 브랜드 스토리텔링의 결과라고 할 수 있습니다. 브랜드 스토리를 듣거나 보고 그것에 공감하는 대상이 직접 상품이나 서비스를 구매하는 등의 경험을 통해 더욱 브랜드의 정체성을 강하게 인식하는 것입니다.

나이키가 도전, 열정을 이야기하고 최신 기술의 신발을 만들었다고 하더라도 그 신발을 한 번이라도 직접 신고 뛰어 본 사람과 같은 이야기를 열 번 듣기만 한 사람이 느끼는 감정이 같을 수는 없습니다.

쉬운 예로 '팝업 스토어'를 생각할 수 있습니다. 서울의 대형 백화점이나 성수동에는 유명 브랜드들의 '팝업 스토어'가 자주 열립니다. 팝업 스토어를 방문해 보면 이미 그 브랜드를 잘 알고 경험했던 사람뿐만 아니라 처음 경험하는 사람들을 위한 다양한 브랜드 경험 장치들이 준비되어 있습니다. 간단히 브랜드 굿즈를 제공하거나 상품을 판매하는 것에서 미디어를 통해 브랜드 메시지를 노출시키고 익스테리어와 인테리어에서 브랜드의 메시지를 전달하는 디자인을 보여 줍니다. 팝업 스토어 공간에 머무는 시간이 길면 길수록 브랜드에 대해 더 많은 것을 보고 듣고 알게 되면서 브랜드 경험치가 높아집니다. 브랜드를 접하는 시간이 길어지고 브랜드 경험치가 높아지면 팝업 스토어를 들어가기 전과 달리 브랜드에 대한 친밀도가 생깁니다.

이것이 브랜드가 큰 비용을 들여서 팝업 스토어를 여는 목적 중 하나입니다. 단순히 팝업 스토어에서 발생하는 매출이 목적이 아니라 브랜드에 대한 경험을 통해 긍정적 인식을 만드는 것이 장기적으로 브랜드 매출에 도움이 되기 때문입니다. 온라인에서만 상품이나 서비스를 유통하는 브랜드도 팝업 스토어를 여는 이유입니다. 오프라인에서의 브랜드 경험은 온라인에서 줄 수 없는 직접적인 경험을 할 수 있기 때문입니다. 눈으로 보는 것 듣는 것과 달리 직접 만져 보고 오감으로 브랜드를 경험할 수 있는 것은 오프라인에서만 가능하기 때문입니다.

제품 홍보 목적의 체험단도 마찬가지입니다. 대상에게 영향력을 미칠 수 있는 인플루언서 등에게 상품을 제공하여 그들이 느낀 경험을 간접적으로 전달하는 효과가 있습니다. 예를 들어 요리와 음식을 주제로 콘텐츠를 제공하는 사람들에게 상품을 전달하고 그들이 맛있는 요리를 만들어 먹는 모습을 사진과 영상으로 노출한다면, 그것을 보는 대상은 자신도 같은 경험을 하고 싶어지고 상품을 구매하게 됩니다.

주로 인스타그램에서 공동구매를 하는 인플루언서가 매출을 올릴 수 있는 이유이기도 합니다. 인플루언서는 자신의 분야에서 스스로 퍼스널 브랜딩을 하는 것이 중요하고 퍼스널 브랜딩이 강력하고 오래될수록 그 영향력은 더욱 커지게 됩니다.

이처럼 브랜드 경험이라는 것은 브랜드가 이야기하고자 하는 것을 대상이 직접 느끼고 공감하고 더 나아가 자신과 비슷한 다른 대상에게 자기 경험을 스토리로 전달할 수 있게 하는 방법이라고 할 수 있습니다.

소규모 비즈니스에게 가장 추천하는 마케팅 방법의 하나는 제품 또는 서비스를 무료로 체험하게 하는 것입니다. 큰 예산을 투자해 광고와 마케팅을 할 수 없는 소규모 비즈니스의 경우는 무엇보다도 제품 또는 서비스를 무료로 직접 체험하게 하여 브랜드에 대한 긍정적 후기와 인식을 가능한 넓게 확대하는 것이 중요합니다.

1980년대까지만 해도 시골 장터에서 자주 들을 수 있었던 약장수의 "이 약 한번 잡숴 봐"라는 외침은 지금도 여전히 사람들에게 가장 솔깃하고 강력한 영업 전략입니다.

상품이나 서비스를 무료로 사용하게 하고 브랜드 경험을 익숙하게 만들 수 있다면 나 대신 우리 브랜드를 영업해 줄 사람을 늘리는 방법이라는 것을 기억하면 좋겠습니다.

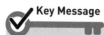 **Key Message**

브랜드 경험은 나를 대신해서 브랜드 영업을 해줄 사람을 만드는 가장 좋은 방법입니다. 브랜드 경험을 늘릴 수 있는 방법을 생각해 보기 바랍니다.

05

브랜딩 초보 탈출 3단계 활용법

지금까지 '브랜드 정체성', '브랜드 스토리텔링', '브랜드 경험' 이라는 브랜딩 초보 탈출 3단계에 대해 말씀드렸습니다. 그러면 이제 브랜딩 초보 탈출 3단계를 어떻게 활용할 수 있을지를 말씀드리겠습니다.

반복해서 강조하지만, 모르고 잘하는 방법은 없습니다. 따라서 브랜드와 브랜딩에 대한 기초적인 지식을 습득해야 실무적으로 브랜딩할 수 있습니다.

브랜드 정체성을 활용하기 위해서 가장 좋은 방법은 이미 잘 알려진 브랜드를 해체, 조립해 보는 것입니다. 가장 쉬운 방법은 브랜드 홈페이지에서 브랜드를 소개하는 내용을 찾아서 브랜드 정체성을 구성하는 요소로 다시 정리해 보는 것입니다.

> **브랜드 콘셉트(concept): 브랜드의 존재 이유**
>
> **브랜드 비전(vision): 브랜드의 미래**
>
> **브랜드 가치(value): 브랜드의 혜택**
>
> **브랜드 타깃(target): 브랜드의 공감**
>
> **브랜드 메시지(message): 브랜드의 가치관**

대한민국에서 핸드폰을 가진 사람이면 누구나 아는 '카카오톡'을 예시로 브랜드 정체성을 구성하는 요소로 해체, 조립해 보겠습니다.

> **브랜드 콘셉트(concept):**
> **사람과 세상, 그 이상을 연결하는 카카오톡**
>
> **브랜드 비전(vision): 전 우주 통신규약을 꿈꾸는 대표 메신저**
>
> **브랜드 가치(value): 언제 어디서나 간편하게 실시간 무료**
>
> **브랜드 타깃(target):**
> **온라인으로 연결된 곳이라면 지구 안 어디서든 무료**
>
> **브랜드 메시지(message):**
> **사람과 세상을 향한 모든 연결의 시작, 카카오톡**

위 내용은 카카오톡 홈페이지의 내용을 브랜드 정체성 구성요소로 나누어 정리한 것입니다. 이처럼 브랜드를 소개하는 홈페이지에 방문해서 브랜드 정체성을 직접 나누고 정리해 보는 연습을 해보는 것이 브랜드 정체성을 이해하는 가장 쉬운 방법입니다. 직접 해보면 이미 자신이 알고 있고 사용하고 있는 브랜드라서 더 이해가 쉽습니다.

물론 잘 알려진 브랜드라고 하더라도 브랜드 정체성 구성요소와 정확히 일치하여 정리하기 어려울 때도 있습니다. 그럴 땐 꼭 모두를 채우려 하지 말고 비워 둘 곳은 비워 두어도 좋습니다. 중요한 것은 내가 하는 비즈니스의 브랜드 정체성을 정리하기 위한 연습을 하기 위해 구성요소를 이해하는 것입니다.

두 번째로 브랜드 스토리텔링을 활용하는 방법은 다른 사람에게 '스토리로 브랜드를 설명하는 것'입니다. 카카오톡을 계속 예시로 말씀드립니다. 카카오톡의 스토리로 가장 잘 알려진 것은 김범수 의장의 창업 스토리입니다.

NHN에서 퇴사 후 시도했던 서비스들이 연이어 시장에 안착하지 못한 상태에서 2009년에 아이폰이 국내에 출시된다는 소식을 듣고 시작한 서비스가 카카오톡입니다. 모바일 인터넷에서는 커뮤니케이션을 중심으로 시장이 형성될 것이라고 생각하고 모바일 메신저 개발에 집중했습니다. 론칭 초반 카카오톡의 빠른 성장을 이끈 것은 새롭게 연락처를 추가할 필요 없이 이미 저장된 연락처를 기반으로 사용 가능한 무료 메신저라는 방향성이었습니다. 복잡한 것은 제외하고 한 가지 기능에 집중했던 것이 개발 시간을 단축시키고 사람들을 좀 더 쉽게 유입할 수 있습니다.

지금은 수십 개의 계열사를 거느린 카카오그룹이 되었지만 처음 시작은 거창하고 대단한 것이 아니었습니다. 모바일 무료 메신저라는 것 하나에 집중했던 것이 지금의 카카오를 만들었습니다.

브랜드의 타깃에게 아직 접해 보지 않은 브랜드라도 브랜드와 연관된 스토리를 이야기해 주면 관심이 가고 기억이 남습니다. 이처럼 내가 하는 브랜드의 스토리를 만들기 전에 우선 이미 잘 알려진 브랜드의 스토리를 다른 사람에게 들려주는 연습을 하면서 내가 좀 더 쉽게 설명하는 방법, 이야기의 구조 등에 대해 배워 보기 바랍니다. 같은 이야기라도 여러 번 이야기하면서 흐름도 자연스러워집니다. 그리고 이 연습을 내 브랜드 스토리에 적용해서 이야기를 해보면, 처음부터 '스토리를 어떻게 만들고 전달하지'라는 고민 때문에 시간을 끌거나 미루지 않을 수 있습니다. 익숙한 이야기 다른 사람에게 전달하는 연습을 통해 스토리텔링 구조와 방법을 배워 보기 바랍니다.

마지막으로 브랜드 경험은 내 브랜드를 경험했을 때 고객의 반응을 미리 정해 두고 고객의 반응을 지켜보는 것을 해보기 바랍

니다

예를 들어 놀이공원의 귀신의 집에 들어갔다고 가정하겠습니다. 귀신 역할을 하는 사람이 방문자에게 기대하는 반응은 깜짝 놀라서 소리를 지르고 눈을 가리거나 도망가거나 주저앉는 모습일 것입니다. 그런데 입장하는 사람마다 귀신이 갑자기 나타나서 놀래게 하는데도 불구하고 아무런 표정 변화도 없고 소리도 안 지르고 그냥 지나간다고 하면 어떨까요? 오히려 당황하고 놀라는 것은 귀신 역할을 하던 사람일 것입니다. 그리고 귀신은 내가 분장이 잘못된 것인지 아니면 놀래게 하는 동작이 잘못된 것인지를 다시 점검할 것입니다.

브랜드로 바꿔 말하면 제품, 서비스, 콘텐츠, 공간 등을 준비해서 고객이 브랜드를 경험하는 모습을 지켜봤습니다. 그런데 고객이 내가 준비한 브랜드 경험에 아무런 관심과 반응이 없었습니다. 내가 예상한 고객의 반응은 재미있는 표정과 기뻐하는 얼굴 그리고 "이거 재밌다"라는 말을 하는 것이었는데. 전혀 어떤 반응도 말도 없었습니다.

고객이 잘못된 것일까요? 아니면 내가 계획한 고객의 반응을 일으킬 만한 브랜드 경험이 잘못 설계되었기 때문일까요?
브랜드를 경험하는 고객에게 기대하는 모습을 미리 설정을 해두고 예상한 반응이 나오지 않는다면, 경험하는 과정 어딘가에서 분명 문제가 생긴 것입니다. 고객의 입장에서 처음부터 브랜드 경험 과정을 다시 직접 살펴보면서 문제점을 찾아야 합니다.

누군가는 특정 고객이 유별나서라고 생각할 수도 있습니다만 무대에 오른 개그맨이 공연을 했는데 아무도 웃는 사람이 없다면 관객이 아닌 개그맨이 잘못 준비한 것이 맞습니다. 장소와 상황, 대상에 맞지 않는 개그를 했기 때문입니다.

마찬가지로 브랜드 경험도 같은 상품 또는 서비스라도 특정한 상황, 장소, 대상에 따라 그 반응이 다를 수 있습니다. 그러므로 예상한 고객 반응이 나오지 않을 때는 어딘가 브랜드 경험 프로세스가 잘못되었다는 것을 빨리 점검하여 개선해야 합니다.

만약 내가 유명 브랜드의 팝업 스토어를 갔는데 브랜드 로고만 빼면 어느 브랜드가 하는지도 모를 정도이고 이벤트 등도 다른 브랜드에서 하는 것과 동일하다면 그 브랜드 팝업 스토어의 경험은 긍정적인 영향을 주기 어려울 것입니다. 따라서 브랜드와 고객의 접점을 확대하고 반복하는 것은 인지도에 중요한 부분이지만, 그 경험을 어떻게 설계하여 예상한 고객의 반응이 나오게 할 것이냐가 우선적으로 기획되고 점검돼야 할 포인트입니다.

지금 우리 매장, 온라인 스토어 방문한 고객은 어떤 반응을 하

고 있는지 생각해 보고 그 반응이 내가 기대하고 계획한 반응인지
도 생각해 보면 좋겠습니다.

Key Message

브랜딩 초보 탈출 3단계 연습을 위해 잘 알려진, 내가 익숙한
브랜드의 정체성, 스토리텔링을 연습합니다. 고객의 브랜드 경
험 후 반응을 미리 계획하고 확인해 봅니다.

DAILY BRANDING

PART 5

하루 10분
브랜딩 습관
만들기

매일 조금씩
브랜딩 초보 탈출

GOOD NEWS

EXTRA! EXTRA!

COMPANIONS
Caution,
OMANC
Bermu la
NEWSPAP R
KILLER
ible incident

OI

브랜딩 베스트셀러에서 찾은
핵심 메시지

브랜딩을 잘하기 위해서 꼭 책이나 강의를 들어야 하는 것은 아닙니다. 하지만 브랜드가 무엇인지 브랜딩이 무엇인지 모르는 상태에서 비즈니스를 시작했다면 더 많은 시간과 비용이 투자되기 전에 기본적인 브랜드와 브랜딩 지식에 대해서는 꼭 배워야 합니다.

혹자는 무엇을 잘하는 방법은 일단 해보는 것이라고 합니다. 다만, 그것은 어디까지나 개인의 경험과 실행의 중요성을 강조하기 위한 것입니다. 두 번 같은 도전을 하기 힘든 소규모 비즈니스의 경우를 마치 경험 삼아 여행 다녀오는 것과 같이 생각해서는 그 비즈니스가 잘될 리가 없습니다. 같은 업종의 경쟁 브랜드는 치열하게 브랜딩과 마케팅과 세일즈를 고민하는 것을 생각해 보면 그냥 한번 해보라는 말을 쉽게 하기 힘들 것입니다.

이 책은 머리말에서 밝혔듯이 브랜딩 관련 책이나 강의를 한 번도 읽거나 듣지 못한 소규모 비즈니스를 대상으로 하고 있습니다. 이 책을 가장 처음 읽는 브랜딩 책이라고 한다면 아직 어떤 브랜딩 관련 책이 있는지 알지 못할 것입니다. 그래서 이번 장에서는 이 책을 읽고 난 후 함께 읽으면 도움이 될 책 몇 권의 핵심 메시지를 소개하고자 합니다.

전 스타일쉐어 & 29CM 브랜딩 디렉터였던 전우성님의 『그 래서 브랜딩이 필요합니다』에서 찾은 핵심 메시지는 이렇습니다.

"결국 브랜딩이 무엇을 만들어야 하고 어떤 목표를 지향해야 하는가에 있어 나의 생각은 명확하다. 얼추 아는 백 명을 만드는 것이 아닌 이 브랜드에 열광하는 팬 한 명을 만드는 것이다."

앞서 브랜드 경험을 통해 나를 대신하여 우리 브랜드를 영업해 줄 사람을 늘린다고 말씀드렸습니다. 이 말씀을 좀 더 구체적으로 표현하는 메시지라고 생각하여 소개를 드립니다. 결국 누구나를 대상으로 하는 것은 아무도 대상으로 하지 않는 것과 마찬가지라는 이야기와도 통하는 메시지입니다. 브랜드의 가치관을 공감하지 못하는 사람을 설득하기보다는 브랜드에 열광하는 팬을 만드는 것이 중요하다는 것을 잊지 말아야 합니다.

브랜드 스토리 만들기에 도움이 되는 책으로 호소야 마사토의 『브랜드 스토리 디자인』의 일부를 소개해 드립니다.

"결론적으로 브랜드 스토리는 생활자의 마음속에 각인되는 것이어야 한다. 생활자의 욕구에 반드시 부응할 수 있는 스토리여야 한다는 것이 필수 조건이다. 새롭게 제시된 브랜드 스토리는 고객의 상상력 안에서 과거의 경험이나 추억과 이어지면서 무한히 성장해야 한다. 바로 이것이 성공적인 스토리를 만드는 비결이다."

앞서 브랜드 스토리텔링을 말씀드리면서 아버지와 어린 자녀가 함께 과자를 먹으면서 추억을 이야기했던 예시와 브랜드 스토리의 세 가지 조건을 함께 요약한다면 위의 문장으로 이야기할 수 있을 것입니다. 브랜드 스토리는 결국 대상에게 각인되어 오래 기억되게 하기 위함인 것이라는 메시지를 꼭 기억하면 좋겠습니다. 브랜드명만 바꾸면 어느 브랜드인지 알 수 없는 스토리로는 우리 브랜드를 기억하는 브랜드 스토리텔링을 할 수 없습니다. 브랜드를 경험한 사람이 자신만의 브랜드 스토리를 만들어 갈 수 있는 것이 이상적인 브랜드 스토리텔링입니다. 예를 들면 지포 라이터의 브랜드 스토리처럼 말입니다.

브랜드 컨셉 만들기에 도움이 되는 브랜드 심리학자 김지헌 교수의 『디스 이즈 브랜딩』의 일부 내용을 소개드립니다. 이 책은 학문적인 방향의 책으로 브랜딩 초심자가 읽기는 조금 어려울 수 있습니다. 브랜딩에 대해 좀 더 깊이 공부하고 싶은 분이라면 한번 읽어 보길 바랍니다.

"브랜드 컨셉은 브랜드가 소비자에게 전달하고자 하는 핵심 개념을 하나로 함축한 것을 말합니다. 브랜드 컨셉이 중요한 이유는 브랜드와 관련된 모든 마케팅 활동을 의미하는 브랜딩에 있어 컨트롤 타워의 역할을 수행하기 때문입니다."

앞서 콘셉트는 브랜드의 존재 이유라고 말씀드렸습니다. 만약 브랜드 콘셉트가 명확하지 않고 이리저리 흔들린다면 소비자는 어떻게 느낄까요? 내부적으로 마케팅과 브랜딩의 방향은 어디로 향해야 할까요? 브랜드 콘셉트가 명확하지 않다면 내부적으로도 외부적으로도 우리 브랜드를 어떻게 기억해야 할지를 모르게 될 것입니다.

이 책에서는 브랜드 컨셉은 공감할 수 있는 이유에서 출발할 때 강력한 힘을 발휘한다고 설명하며 브랜드 컨셉을 도출하고 제안하기 위해서는 누구를 목표 고객으로 할지를 먼저 정하는 것이 중요하다고 강조합니다.

앞서 말씀드린 브랜드 정체성의 구성요소 중 브랜드 타깃을 브랜드 공감이라고 말씀드렸던 것과 같은 맥락의 메시지입니다.

마지막으로 소개드릴 책은 한양대학교 홍성태 교수의 『모든 비즈니스는 브랜딩이다』에서 이야기하는 브랜드 체험에 관한 메시지입니다.

> **"마케팅의 중심인 브랜딩은 브랜드 컨셉을 만드는 것과 그 브랜드를 실제 체험하는 것, 크게 두 가지 요소로 나뉩니다. 사람들은 체험적 요소에 프리미엄을 지불합니다. 그렇다면 대체 스타벅스가 뭐길래 더 많은 돈을 내고 거기서 커피를 마시는 걸까요. 스타벅스는 커피의 품질만으로 성공한 게 아니라, 크리스티안 미쿤다가 말하는 이른바 '제3의 공간'(제1의 공간은 집, 제2의 공간은 일터)을 창출한 겁니다."**

브랜딩 초보 탈출의 3단계 중 브랜드 경험에서 백문이 불여일견으로 한 번의 브랜드 경험이 브랜드 스토리를 여러 번 보고 듣는 것보다 강력한 인식과 감정을 남긴다는 말씀을 드렸습니다. 스타벅스의 분위기가 어떤지를 아무리 말로 설명하는 것보다 스타벅스에서 커피 한 잔을 마시는 것이 훨씬 더 스타벅스라는 브랜드를 쉽게 이해할 수 있을 것입니다. 브랜드 정체성을 만들고 브랜드 스토리에 담아 브랜드를 경험하게 하는 것이 브랜딩 3단계로 진행되는 이유입니다.

이 책에서는 체험에 관해 이렇게 이야기를 합니다.

"'체험'은 브랜딩에서 간과할 수 없는 핵심적인 요소입니다. 브랜딩에서는 제품을 구매하기 전뿐 아니라, 구매 후 사용 중에 체험요소를 얼마나 잘 느끼게 하는지도 대단히 중요합니다."

이 책의 부제인 '책으로 만나는 홍성태 교수의 브랜딩 특강'처럼 책 내용은 브랜딩 강의를 듣는 듯한 구성으로 되어 있습니다. 브랜딩에 대해 좀 더 다양하게 공부하고 싶은 분에게 추천해 드립니다.

이번 장에서는 제가 말씀드린 브랜딩 구성요소에 관해 다른 전문가, 베스트셀러 저자들의 이야기를 통해 좀 더 구체적으로 설명해 드리고자 했습니다. 브랜드와 브랜딩 공부에 도움이 되는 책은 이 책의 뒷부분에서 추천해 드립니다. 이 책의 내용을 모두 읽고 좀 더 배우고 싶을 때 참고하면 좋겠습니다.

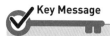
Key Message

브랜드, 브랜딩 베스트셀러의 핵심 메시지를 이해하고 앞서 말씀드린 브랜드 정체성, 브랜드 스토리텔링, 브랜드 경험을 다시한번 읽어 보기를 바랍니다.

일상에서
브랜딩 배우기

지난해 출간한 『하루 10분 마케팅 습관』에서 "마케팅을 일상에서도 배우는 가장 좋은 방법은 '마케팅 선글라스를 쓰는 것'입니다"라며 "'마케팅 선글라스'를 쓰고 내 일상을 바라보면 누가 내 잠재 고객인지, 잠재 고객이 원하는 것이 무엇인지, 어디서 마케팅을 어떤 방법으로 해야 하는지 등이 눈에 들어오게 됩니다. 일부러 공부하려고 하지 않아도 마케팅 관점으로 볼 수 있습니다"라고 말씀드렸습니다.

그렇다면 일상에서 브랜딩을 배우는 가장 좋은 방법은 무엇일까요? 마케팅 선글라스를 쓰는 것과 마찬가지로 '브랜딩 선글라스'를 쓰는 것도 좋은 방법입니다. 하지만 일상에서 브랜딩을 배우는 더 좋은 한 가지 방법이 있습니다.

바로 '직접 구매하고 써보는 것'입니다. 너무 당연한 이야기 아니냐고 하는 분도 있을 수 있습니다. 하지만 브랜딩을 배우는 가장 좋은 방법은 브랜드의 제품 또는 서비스를 직접 사용해 보면서 브랜드가 이야기하는 콘셉트, 메시지가 느껴지는지를 확인해 봐야 합니다.

예를 들어 '즐거움'이 콘셉트라는 퓨전 술집이 있다고 가정하겠습니다. 입구에는 장난기 넘치는 캐릭터들의 그림들이 그려 있습니다. 입장을 기다리는 손님들이 줄을 서 있습니다. 차례를 기다려 입장하자마자 종업원들의 경쾌한 환영 인사가 이어집니다. 옆에서는 생일 축하를 하고 있는 종업원들과 손님들이 함께 노래를 부르고 특정 시간이 되자 무료 서비스 이벤트가 열립니다. 술집을 들어서는 순간부터 술집을 나설 때까지 단 한시도 쉬지 않고 '즐거움'을 위한 밝고 즐거운 분위기가 지속됩니다. 술집을 한번 다녀온 사람은 누구나 즐거운 기분을 내고 싶은 날에는 이 술집을 추천합니다.

직접 이 술집을 방문하면 왜 이 술집이 장사가 잘되는지를 쉽게 알 수 있습니다. '술집이 다 거기서 거기지 뭐'라고 생각했던 사람도 한 번만 방문해 보면 왜 이 술집을 가자고 추천했는지를 쉽게 알 수 있습니다. 직접 경험해 봤기 때문입니다.

술집이 전달하고자 하는 '즐거움'을 매장의 외관에서 손님들의 표정에서 종업원의 인사에서 바로 느낄 수 있습니다. 그리고 이곳은 언제 가도 같은 분위기의 같은 즐거움을 느낄 수 있습니다.

커피를 좋아하는 한 사람이 있습니다. 집에서 주로 텀블러에 커피를 담아 마십니다. 그런데 여러 개의 텀블러가 있음에도 불구하고 좀 더 보온이 잘 되는 텀블러를 찾고 있다가 우연히 인터넷에서 처음 보는 브랜드의 텀블러가 눈에 들어왔습니다. 크기도 크고 손잡이가 따로 없어서 불편해 보였지만 '보온'에 대한 구매자들의 후기가 너무 좋아서 일단 믿고 구매했습니다.

텀블러를 받아 보니 손잡이가 없는 데다가 한 손으로 잡기에는 크기가 커서 불편했습니다. 커피를 내려서 텀블러에 담고 조금씩 마시다가 집안일을 하던 중 커피를 내렸다는 것을 잊고 말았습니다. 어느새 저녁이 되어 갑자기 생각난 텀블러를 찾아서 커피를 한 모금 마셨는데 이럴 수가, 오전에 내려 담았던 커피의 온기가 여전한 것이었습니다. 그전까지 큰 사이즈와 손잡이가 없어서 불편한 것에 대한 불만은 온데간데없어지고 '보온' 하나만큼은 그동안 써본 텀블러 중에 비교할 브랜드가 없을 정도로 최고라는 생각이 가장 먼저 들었습니다. 이 브랜드를 사용하고 나서 너무 좋은 나머지 친구 생일에 선물로 주면서 '보온'이 얼마나 잘되는지를 입에 침이 마르도록 이야기했습니다.

일상에서 브랜딩을 배우는 방법은 브랜드를 직접 체험해 보는 것입니다. 나와 같은 업종에서 성공적인 브랜딩을 하는 상품이나 서비스가 있다면 직접 구매해서 경험해 보길 추천해 드립니다. 소비자의 관점에서 브랜드를 체험하면서 브랜딩 과정에서 무엇이 잘되고 있는지를 파악해 보길 바랍니다.

예전에 지인의 부탁으로 어느 정육 전문 식당에 마케팅과 브랜딩 관련하여 조언을 드리고자 방문한 적이 있습니다. 사전에 주변 상권과 경쟁 식당을 조사하고 방문하였습니다. 주변 상권에서 온라인에서도 오프라인에서도 가장 인지도가 높은 식당에 관해 이야기하던 중 사장님의 반응은 이랬습니다.

"거기보다 고기도 우리가 더 맛있고 반찬도 좋은데 새로 생겨서 인테리어가 좋고 인스타그램에 사진 올리고 해서 인기가 많은 거예요."

저는 그 말씀을 듣고 이렇게 말씀드렸습니다. "사장님, 그런데 사람들이 거길 더 좋아하잖아요. 사람들이 좋아하는 데는 다른 이유가 있지 않을까요? 제가 조사해 보니 온라인에서도 그렇고 오프라인에서도 마케팅과 브랜딩을 열심히 잘하는 곳이던데요"라며 제가 조사한 내용을 보여 드렸습니다.

사장님은 더 이상 말씀은 없으시고 우리는 그 식당처럼은 할 수 있는 여력이 안 된다고만 하시고 더 이상 대화의 진전은 없었습니다. 결국 제가 찾은 식당의 사장님은 잘되는 식당이 무엇 때문에 잘되는지 그 이유를 찾고 배우려고 하기보다는 본인 식당이 왜 상대적으로 잘 안 되는지에 관한 이유를 소비자의 탓이나 주관적인 판단으로 돌려 스스로를 합리화하는 것에 우선하였습니다. 잘되는 식당에 가보지도 않았고 방문한 사람들의 이야기를 들어 보지도 않았으며 잘하고 있는 마케팅과 브랜딩을 배우려고 하지도 않았습니다.

한 번은 우연히 사장님의 식당에 들릴 수 있으나 근처에 사람들이 더 많이 찾는 식당이 있는 것을 알게 되면 다음에도 사장님의 식당에 다시 찾을 손님이 얼마나 많을지는 장담하기 힘들 것입니다. 시간이 지나면 지날수록 잘되는 식당이 잘못된 선택을 하지 않는 이상 두 식당의 격차는 점점 더 벌어질 것입니다. 사장님의 식당이 인근에서 더 오래 장사를 했다고 하더라도 그것 자체는 사람들에게 중요한 문제가 아닙니다. 식당 인근을 찾은 손님들에게 어느 식당이 더 브랜딩이 잘되어 있는지가 선택을 좌우할 것이고 방문했을 때 만족도가 높다면 다른 식당을 찾을 이유가 없을 것이기 때문입니다.

일상에서 브랜딩을 하는 가장 좋은 방법은 직접 브랜드를 체험하는 것입니다. 눈으로 보고 말로만 듣는 것이 아니라 제품이나 서비스를 선택하는 과정부터 구매 후 체험까지 직접 경험해 보면서 브랜딩을 잘하는 브랜드는 무엇이 다르기 때문인지를 찾고 배워야 합니다. 일상에서 피부로 체감하는 배움은 어떤 브랜딩 책에서 배우는 것보다 훨씬 더 값진 배움이 될 거라 믿습니다.

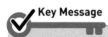
Key Message

브랜딩을 일상에서 배우는 가장 좋은 방법은 직접 브랜딩을 잘하는 제품 또는 서비스를 구매해서 경험해 보는 것입니다.

03

배우고 실행하는
습관 만들기

제가 운영하는 독서클럽에서는 주로 마케팅, 브랜딩, 세일즈, 글쓰기 관련 책을 읽습니다. 항상 강조하는 말씀이 있습니다. 바로 실행을 위한 독서가 되어야 한다는 말씀입니다.

책을 읽고 강의를 들을 때는 바로 이해하고 당장 뭔가 벌어질 것 같은 기분이 들지만 시간이 조금 지나면 배운 것도 금세 잊고 시작을 미루게 되기 십상입니다.

무언가를 배운 것을 실행하는 가장 좋은 때는 '바로 즉시'입니다. 이 책에서도 마찬가지입니다. 책에서 무언가 써먹을 것을 발견했다면 잠시 읽기를 멈추고 바로 실행에 옮겨야 합니다. 그것이 습관이 되면 책은 책 자체가 아닌 하나의 설명서가 됩니다.

우리가 제품을 조립해야 하거나 처음 사용해야 할 때 가장 먼저 제품설명서를 봅니다. 설명서를 보고 따라서 조립하거나 사용합니다. 마케팅, 브랜딩 독서도 마찬가지입니다. 책을 읽으면서 배운 것은 바로 즉시, 아무리 늦어도 책을 모두 읽고 덮은 후에는 바로 실행에 옮겨야 합니다. 그것이 독서를 메모하는 것이든 지금 하는 비즈니스에 적용을 하는 것이든 말입니다.

인생에서 성공하는 사람들의 공통점 중 하나는 좋은 습관을 만드는 것이라고 합니다. 예를 들면 매일 아침 일찍 일어나서 간단한 운동과 명상을 하고 책을 읽고 일과를 정리하는 것으로 아침을 시작합니다. 마치 습관처럼 이를 닦듯이 아침의 루틴을 긍정적인 습관으로 만드는 것만으로도 하루가 달라지고 한 달, 일 년이 달라지고 결국은 습관으로 자리 잡은 행동은 일과 생활에서 더 나은 결과를 만들 수 있습니다.

브랜딩도 마찬가지입니다. 아침에 브랜딩 책을 몇 페이지라도 읽고 이동 중에는 브랜딩 관련 영상을 보거나 듣고 일터에서는 배운 것을 적용해 보는 것을 습관화한다면 어느 날 갑자기 큰 비용과 시간을 투자해야 하는 일을 미리 막을 수 있습니다.

브랜딩은 짧은 기간 끝나는 것이 아닌 오랜 시간 일관성을 유지하는 과정입니다. 하루라도 먼저 시작할수록 유리할 수밖에 없습니다. 오래 하는 방법의 하나가 바로 습관처럼 하는 것입니다.

좋은 습관이 좋은 사람을 만들 듯이 브랜딩을 습관으로 만드는 것은 좋은 브랜드를 만드는 방법입니다. 오늘 하루 배운 것이 있다면 바로 실행에 옮겨서 머리가 아닌 몸에 배는 습관으로 만들어 보길 바랍니다.

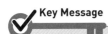

Key Message

좋은 습관은 좋은 결과를 만듭니다. 브랜딩을 배우고 실행하는 것을 습관으로 만들어 보기 바랍니다.

04

나로부터 시작하는
브랜딩

대기업과 달리 상대적으로 조직 구성원의 인원수가 적은 소규모 비즈니스의 대표자들이 해야 할 첫 번째 브랜딩은 바로 자신을 브랜딩하는 것입니다.

제가 만난 대표자 중 많은 경우가 자신을 드러내는 것에 소극적이나 불편함을 느끼는 경우가 많았습니다. 여기서 말하는 자신을 브랜딩한다는 것은 반드시 본인의 얼굴을 드러내고 스스로를 알리는 것을 의미하는 것은 아닙니다.

예를 들면 자신이 제공하는 제품이나 서비스의 고객들에게 도움이 되는 정보를 글이나 이미지로 인스타그램 등의 소셜미디어에서 제공하는 것도 자신을 브랜딩하는 방법입니다. 굳이 얼굴을 드러내고 싶지 않더라도 얼마든지 자신을 브랜딩하는 방법은 많습니다.

소규모 비즈니스에서 대표자가 자신이 먼저 브랜딩을 시작해야 하는 이유는 크게 두 가지입니다. 하나는 브랜딩 대상으로부터 신뢰를 얻기 위함입니다. 소규모 비즈니스의 대표자는 모든 일에 관여해야 하고 잘 알아야 합니다. 나는 브랜딩은 모르니 직원이 알아서 하라든지, 대행사에서 알아서 한다든지 하는 것은 조직의 구성원이 많고 전문가들이 많이 투입되어야 하는 브랜드에서 해야 할 일입니다. 최근에는 대기업의 오너들도 자신의 일상을 드러내거나 유튜브를 통해서 브랜딩을 이야기하는 사례도 있습니다. 하물며 소규모 비즈니스는 대표자 본인의 신뢰와 인지도가 브랜드에 큰 영향을 미치는 만큼 더욱 적극적인 브랜딩이 필요합니다.

한번 생각해 보겠습니다. 대표자는 브랜딩에 대해 관심도 없고 알지도 못하는 상황에서 한두 명 있는 직원 중에 누군가 맡아서 브랜딩을 해보라고 한다면 어떤 결과가 나올까요? 직원들도 브랜딩에 대해 알지 못하고 가르쳐 주는 사람도 없고 브랜드의 비전이나 가치가 정리도 되지 않았는데 브랜딩이 잘될 리가 없습니다. 특히 소규모 비즈니스의 브랜드 정체성은 창업자 또는 대표자의 머릿속에 있습니다. 아는 사람이 알려 주지 않는데 모르는 사람이 알아서 잘하는 방법은 없습니다.

그러므로 소규모 비즈니스가 전개하는 브랜드의 대표자라면 우선 자신부터 브랜딩을 시작하고 브랜딩에 대해 배워서 내부적으로 공유해야 합니다. 대표자가 만약 유명 인플루언서라고 가정해보면 이미 팬들이 있는 만큼 브랜딩은 그만큼 더 쉬워질 것입니다. 대표자가 먼저 나서서 브랜딩을 시작한다면 내부에서도 외부에서도 브랜드에 대한 신뢰가 생기고 브랜딩의 방향이 결정되는 만큼 브랜드에 손해가 되는 일은 없습니다.

소규모 비즈니스에서 대표자가 자신이 먼저 브랜딩을 시작해야 하는 두 번째 이유는 속도가 빨라야 하기 때문입니다. 대기업 브랜드에 비해 소규모 비즈니스가 하는 브랜딩의 장점은 유연성과 속도입니다. 상황에 대한 빠른 대처가 가능하고 환경의 변화를 좀 더 발 빠르게 활용할 수 있습니다. 예를 들어 우리 브랜드에 도움이 되는 사회적 이슈, 시즈널 이슈가 생겼을 때 바로 그 이슈를 선점해서 활용하는 것이 가능합니다. 왜냐하면 의사결정의 단계가 짧고 대표자 자신이 브랜딩을 하고 있기 때문에 이슈 포착이 좀 더 쉽기 때문입니다.

지금처럼 소셜미디어가 일반화되고 활성화되기 이전에 만났던 대표자 한 분은 소셜미디어를 해본 적도 없고 소셜미디어에 대한 부정적 인식이 있었습니다. 내부에서 임직원분들이 건의를 해서 브랜드의 공식 소셜미디어를 개설하기로 했지만, 미팅을 하는 내내 소셜미디어의 필요성과 활용방안에 대해 부정적이었습니다. 대표자의 의견은 "내가 소셜미디어를 안 하고 있고 그동안 우리 브랜드가 소셜미디어가 없어도 불편한 점이 없었다"는 말씀이었습니다.

그래서 제가 소셜미디어에 올라온 브랜드에 대한 부정적 의견을 보여 드리면서 내 눈에 보이지 않는다고 없는 것이 아니라는 말씀을 오해하지 않게 돌려서 말씀드렸습니다. 그제서야 이런 부정적 의견이 소셜미디어에 돌아다니고 있다는 것을 처음 알게 되었다면 브랜드에 대한 긍정적 이미지를 제공하고 부정적 의견에 대응할 필요가 있다는 것에 동의하였습니다.

만약 위에서 말씀드린 대표자가 브랜딩에 관심을 가지고 소셜미디어 등 온라인에서 자신의 브랜드에 대한 의견을 모니터링을 하고 있었다면 어땠을까요? 아마 임직원분들이 소극적이었다고 하더라도 당장 브랜딩 전략을 세우고 브랜딩 방법을 찾아보자고 했을 것입니다.

소규모 비즈니스의 대표자는 스스로 적극적인 브랜딩을 해야 합니다. 대표자가 움직이지 않으면서 브랜딩을 이야기만 한들 내부적으로도 외부적으로도 일관된 메시지와 브랜딩 활동이 유지되기 힘듭니다.

브랜딩은 어디 외부에서 누가 만들어서 갖다주는 것이 아니라 지금 나로부터 시작하는 것임을 이해하고 대표자 스스로가 무엇을 가장 먼저 시작할 것인지 고민해야 합니다.

가장 간단하고 빠르게 시작할 수 있는 몇 가지 방법을 말씀드립니다.
브랜드 대상에게 도움이 되는 정보 제공하기
브랜드 히스토리, 성과, 후기 등의 사례를 스토리텔링하기
브랜드의 제품 또는 서비스를 만드는 과정을 공유하기
대표자가 직접 제품 또는 서비스를 소개하고 설명하기
최근 사람들의 관심사와 연관된 브랜드 메시지를 공유하기

위의 다섯 가지 방법은 여러 소규모 비즈니스 대표자가 직접 자신의 소셜미디어 등을 활용해 제공하는 브랜딩 콘텐츠이기도 하고 공식 소셜미디어에서 제공하는 브랜딩 콘텐츠이기도 합니다. 얼굴을 드러내고 하지 않아도 가능한 방법들이 있으니 브랜딩을 잘하고 있는 소규모 비즈니스의 사례를 벤치마킹하여 어떻게 우리 브랜드에 적용할 수 있을지 고민해 보면 좋겠습니다.

DAILY BRANDING

PART 6

브랜딩
레벨업
플랜

실전!
브랜딩 전략과
실행 방법

GOOD NEWS

EXTRA! EXTRA!

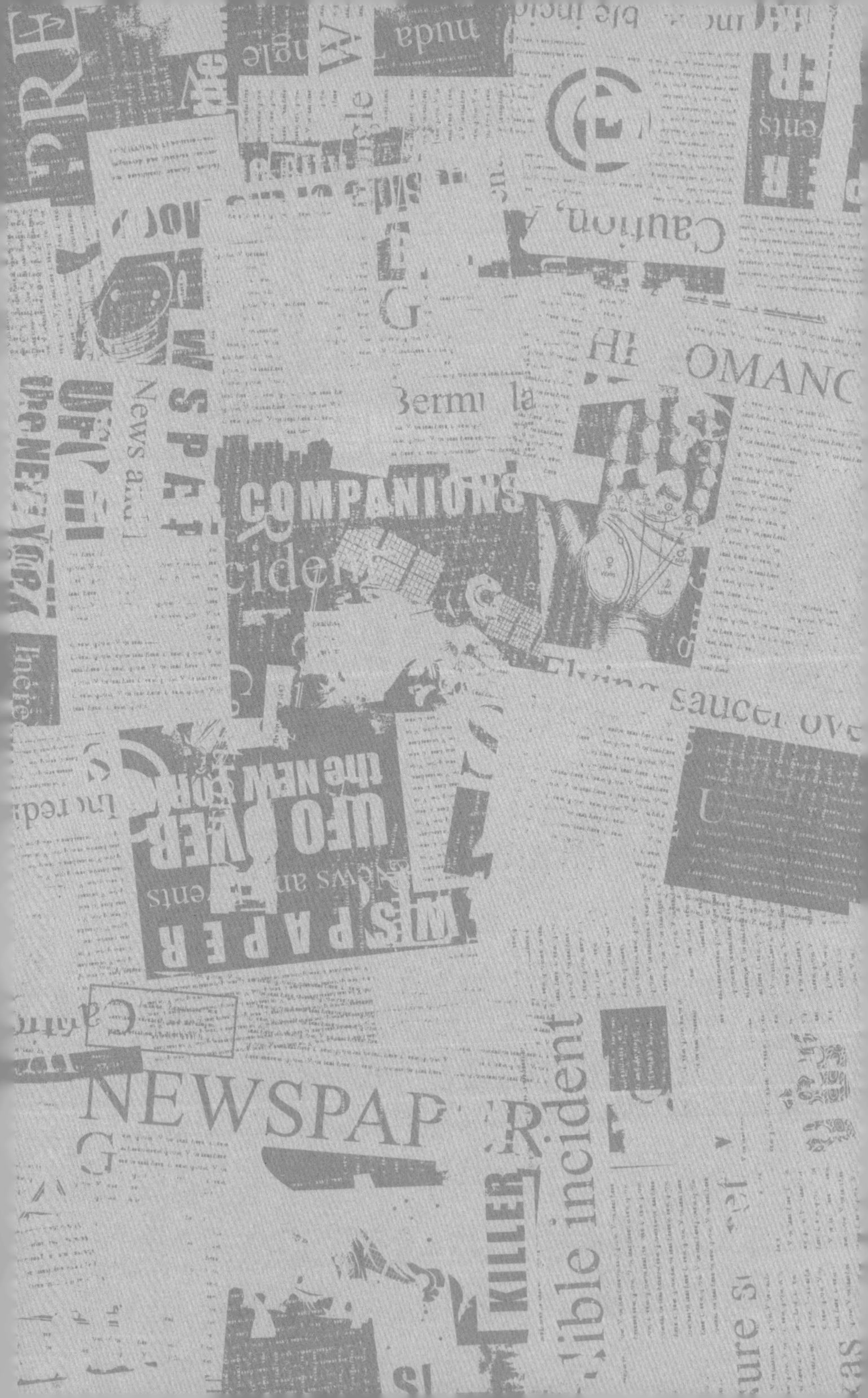
COMPANIONS
OMANC
saucer ove
NEWSPAP

브랜딩
마인드셋

◇◇◇◇◇◇◇◇◇◇◇◇◇◇◇◇◇◇◇◇◇◇◇

무슨 일을 할 때든 마찬가지입니다만 가장 중요한 것은 마인드셋입니다. 마인드셋은 무언가를 대하는 태도, 인식, 사고방식 등을 의미합니다. 브랜딩에서도 마인드셋을 어떻게 갖느냐에 따라 방향과 속도가 달라지고 그에 따른 결과가 달라지기 때문입니다.

스탠퍼드대학교 심리학과의 캐럴 드웩 교수는 그의 저서『마인드셋』에서 두 가지 마인드셋을 이야기합니다. 하나는 성장 마인드셋(Growth Mindset)이고 다른 하나는 고정 마인드셋(Fixed Mindset)입니다.

성장 마인드셋은 개인의 자질이나 지능은 노력과 경험을 통해 발전할 수 있다고 믿는 것입니다. 성장 마인드셋을 가진 사람들은 도전을 기회로 여기고, 실패를 학습의 과정으로 받아들입니다. 비판을 발전의 기회로 보고, 지속적인 개선을 추구합니다. 노력을 통해 성과를 낼 수 있다는 믿음을 가지고 있으며, 끈기와 인내를 중요하게 여깁니다.

주로 불굴의 의지로 역경을 이겨 낸 위대한 스포츠 스타들의 모습을 떠올려 보면 좀 더 이해가 쉬울 것입니다.

고정 마인드셋은 개인의 자질이나 지능은 타고난 것이며, 거의 변하지 않는다고 믿는 것입니다. 고정 마인드셋을 가진 사람들은 자신의 능력이 고정되어 있다고 생각합니다. 실패를 피하고, 도전적인 상황을 회피하는 경향이 있습니다. 비판을 개인에 대한 공격으로 받아들이고, 자기 능력이 의심받는 것을 두려워합니다. 노력보다는 타고난 재능을 중시하며, 실패를 능력 부족으로 해석합니다.

우리 주변에서 항상 불평불만을 가지고 자신의 노력보다는 부러움과 동경을 이야기하는 사람의 모습을 떠올려 보면 좀 더 이해가 쉬울 것입니다.

캐롤 드웩은 성장 마인드셋이 개인의 성공과 발전에 중요한 역할을 한다고 강조하며, 이러한 사고방식을 통해 사람들이 더 큰 성취를 이룰 수 있다고 설명했습니다.

브랜딩을 할 때도 마찬가지로 성장 마인드셋을 가진 사람과 고정 마인드셋을 가진 사람이 나타나게 마련입니다. 예를 들면 "브랜딩은 아무나 하나, 그것도 예산이나 조직이 잘 갖춰진 브랜드에서 하는 일이지"라고 부정적 의견부터 말하는 사람이 있는 반면에, "이제 시작하는 브랜드라서 아직 갖춰진 것은 많지 않지만 일에 대한 태도, 고객을 만족시키는 방법 등 사소하지만 기본적인 것들부터 시작해 보자"고 하는 사람도 있습니다.

어느 조직이나 마찬가지지만 부족한 것, 없는 것부터 이야기하기 시작하면 한도 끝도 없기 마련입니다. 그리고 부족한 것, 없는 것부터 생각하면 이 세상에 할 수 있는 일은 아무것도 없을 것입니다.

브랜딩은 마치 맞출 때마다 한 조각이 부족한 퍼즐 같은 것입니다. 퍼즐 속 그림을 완성했다고 생각하지만, 결코 끝나는 법이 없습니다. 계속 한 조각이 부족하기 때문입니다. 빈 곳에 조각을 채우고 나면 채웠다고 생각했던 다른 한쪽의 조각이 부족합니다. 이렇게 만들고자 하는 그림을 완성하기 위해 끊임없이 같은 일을 반복하고 유지하는 것이 브랜딩입니다.

따라서 브랜딩 마인드셋은 브랜딩을 대하는 태도, 생각, 가치관으로 다음의 세 가지를 포함하고 있습니다.

첫째 "브랜딩은 매출이고 파는 것이 브랜딩이다."

브랜딩을 디자인의 영역으로 한정하여 생각하는 경우가 있습니다. 하지만 브랜딩은 단순히 디자인이 예쁜 로고나 이미지를 만드는 일이 아닙니다. 기업이나 개인의 브랜딩 목적은 결국 더 많고 고정적인 매출을 만들기 위한 일입니다.

브랜딩이 매출이라는 것은 브랜딩을 하는 것이 매출로 이어지는 활동이라는 것이고 파는 것이 브랜딩이라는 것은 팔리지 않으면 브랜딩이 될 수 없다는 의미입니다.

소규모 비즈니스 특히 이제 막 시작한 비즈니스의 경우는 특히 세일즈가 곧 브랜딩이라는 생각을 하는 것이 필요합니다. 아무리 예쁜 로고와 디자인의 제품 또는 서비스를 만들었다고 하더라도 아무도 모르고 구매하는 사람도 없고 좋아하는 사람이 없다면 브랜딩이 성립할 수가 없습니다. 결국 제품 또는 서비스의 이용자가 생기고 그 과정에서 브랜드에 대한 애정이 생기고 팬이 될 수 있는 것입니다.

브랜딩을 마치 여유 있고 돈 있는 기업이 하는 일이라거나 예쁜 디자인 만들기라고 생각하고 있다면 이미 세계적으로 유명한 브랜드가 어떻게 성장해 왔는지 결과가 아닌 과정을 살펴보면 좋겠습니다.

브랜딩 마인드셋의 첫 번째는 브랜딩은 매출이고 파는 것이 브랜딩이라는 것을 명심하면 좋겠습니다.

둘째 "브랜딩은 복리로 돌아온다."

브랜딩은 장기간 끝이 없이 진행해야 한다고 했습니다. 단기간에 눈에 띄는 큰 성과를 만드는 것도 어려운 일입니다. 브랜딩은 사람의 마음을 사는 것인데 사람의 마음은 얻기는 어려워도 잃기가 쉬운 법입니다. 그러다 보니 브랜딩의 가장 어려운 점은 브랜딩 지식이 아니라 지속할 수 있느냐 없느냐일 것입니다. 또한 브랜딩은 내가 먼저 받는 것이 아니라 주는 것이 되어야 하는데 주기만 하다 보면 나는 언제 받을까를 생각하게 됩니다. 바꿔 말하면 내가 마음에 드는 사람에게 나는 항상 좋은 마음을 담아 표현하는데 그 사람은 언제쯤 나에게 한 번 관심을 둘까 하는 것과 비슷합니다.

두 번째 브랜딩 마인드셋에서 가장 먼저 한 가지 이해해야 하는 것이 바로 '복리'입니다. 복리는 처음에는 그 효과가 얼마나 대단한지 알지 못합니다. 하지만 일정 시간이 지나면 기하급수적으로 J 커브를 그리며 증가하는 것이 복리입니다. 복리가 극적인 효과로 돌아오기 위해서는 지속적이고 반복된 투자가 우선되어야 합니다.

만약 지금 하는 브랜딩이 원금이라면 한두 명의 고객은 이자라고 생각해 보기 바랍니다. 한두 명의 고객이 지금 하는 브랜딩에 비해 초라하고 부족해 보이지만, 시간이 지날수록 기존 고객 위에 새로운 고객이 더해지고 그것까지 포함해 또 새로운 고객이 배로 더해진다고 생각해 보기 바랍니다. 이자에 이자가 더해 점점 더 많이 불어나는 복리 효과처럼 늘어나게 될 것입니다. 처음 한두 명의 고객으로 만족하지 못하고 장기적으로 내다보지 못해서 브랜딩을 멈췄다면 결코 얻을 수 없는 성과입니다.

브랜딩은 사람의 마음을 사는 것이라고 했습니다. 사람의 마음을 얻는 것이 매우 어렵지만 한번 신뢰하기 시작하면 마치 감기가 옮듯이 자신과 비슷한 사람에게 전염되기 쉽습니다. 예를 들면 내가 좋아하고 팬이 된 브랜드의 제품 또는 서비스가 새로 출시되면 나뿐만 아니라 나와 비슷한 취향, 가치관의 지인, 가족에게도 소개하기 마련입니다. 내가 써보니 좋고 믿을 만하다는 이유 때문입니다.

비슷한 성능과 스펙의 서로 다른 브랜드가 있을 때 같이 있던 지인이 "이거 사, 나도 쓰고 있는데 이 브랜드가 더 좋아"라며 추천을 받은 경험이 한 번쯤 있을 것입니다. 이런 것이 우리 눈에는 잘 보이지 않지만 브랜딩의 결과로 소비자들 사이에서 벌어지는 복리 효과입니다.

브랜드가 만족시킨 한 명의 소비자는 한 명으로 끝나는 것이 아닙니다. 브랜드의 자발적 영업사원이 돼서 브랜드에서 특별히 무엇을 따로 해주는 것도 아님에도 불구하고 먼저 나서서 브랜드의 긍정적 입소문을 전파합니다.

사람은 자신이 좋아하는 사람에게 좋은 것을 소개해 주고 싶은 마음이 있습니다. 좋은 것은 같이 쓰고 싶은 마음입니다. 소개를 받은 사람도 만족할 때 마침 내가 브랜드의 주인인 것처럼 뿌듯함과 보람을 느낍니다. 내가 누군가에게 도움을 주었다는 생각에서입니다.

브랜딩이 복리 효과를 거두기 위해서는 당장 눈앞의 성과에 집착할 것이 아니라 저 멀리 거대한 파도처럼 밀려올 우리 브랜드를 좋아하는 고객들이 기다리고 있다고 생각해야 합니다.

셋째 "브랜딩의 핵심은 일관성이다."

경제적으로 성공한 친구와 오랜만에 만난 자리에서 친구의 거만한 태도에 기분이 나쁜 경험을 했습니다. '돈 좀 벌더니 사람이 변했네'라는 생각이 듭니다.

힘들고 어려웠던 과거와 달리 성공했다고 사람이 달라졌다는 이야기는 드라마와 영화의 단골 소재일 만큼 일상에서도 쉽게 볼 수 있는 모습입니다. 다른 말로 "초심을 잃었다"라고도 합니다. 과거를 잊고 마치 언제 자기가 어렵고 힘든 적이 있었냐는 듯이 거만하고 오만해진 사람은 다시 만나고 싶지 않습니다.

브랜딩을 할 때의 마음가짐을 세 가지 한자로 표현하면 '초심(初心), 일심(一心), 선심(善心)'이라고 할 수 있습니다. 제가 무슨 일을 할 때 겸손함을 유지하기 위해 되새기는 말이기도 합니다.

초심은 말 그대로 브랜드를 처음 시작할 때의 마음을 말합니다. 브랜드의 콘셉트와 비전을 쓰고 어떤 가치를 누구에게 제공할지를 고민하던 그때의 마음을 말합니다. 고객의 삶에 도움이 되고 지금보다 더 좋은 세상을 만들기 위해 무엇을 할 것인가를 고민했던 그 마음이 초심입니다.

일심은 브랜드가 고객에게 약속한 한 가지를 지키는 것을 말합니다. 이리저리 방황하고 그때그때 달라지는 것이 아니라, 처음 약속 그대로의 모습을 계속 지켜 나가는 것입니다. 수십 년 이상 지속되고 오래도록 사랑받는 브랜드는 로고와 디자인 등의 일부 겉모습이 조금 달라질 수는 있어도 처음의 모습을 꾸준히 유지합니다. 물론 리브랜딩을 통해 새로운 의미를 만들 수도 있습니다만, 여기서 말하는 일심은 리브랜딩을 예외로 하는 말씀입니다.

선심은 브랜드가 먼저 고객에게 베푸는 마음가짐을 말합니다. 누군가에게 무엇을 받는 가장 좋은 방법은 내가 먼저 주는 것입니다. 브랜드가 고객에게 먼저 좋은 마음으로 다가설 때 고객 역시 좋은 마음으로 브랜드를 대할 것입니다.

유튜브 채널 중 '사망여우'라는 채널이 있습니다. 비양심적이고 비도덕적인 광고와 마케팅으로 소비자를 기만하는 기업과 제품을 알리는 채널입니다. 제품의 성능이 검증되지 않았음에도 마치 전문가들이 검증한 것처럼 가짜 광고와 후기를 만들어 뿌린 후 돈을 버는 기업들을 조사해서 그들의 실체를 알려 주는 것이 주된 콘텐츠입니다.

선심은 양심 없이 오직 소비자를 바보로 취급하고 돈으로만 보는 일부 비도덕적인 브랜드가 되지 않겠다는 약속입니다. 사람의 건강에 직접적인 문제를 일으킬 수 있는 성분이 포함된 제품도 버젓이 판매하는 경우가 있습니다. 몰라서 하는 것도 문제인데 잘못된 것임을 알고도 하는 경우는 더 큰 문제입니다.

브랜드를 성장시키는 것은 마치 어린아이를 어떻게 키울 것인가 하는 고민과 비슷합니다. 어린아이에게 무엇을 어떻게 가르치고 보여 주느냐에 따라 어떤 어른으로 성장할지가 달라집니다. 브랜드도 마찬가지로 브랜드에게 어떤 정체성을 부여하고 어떤 모습을 보여 주느냐에 따라 결과는 달라질 수 있습니다. 브랜딩을 할 때의 세 가지 마음가짐 '초심', '일심', '선심'을 기억하고 변함없이 일관성을 유지한다면 브랜드의 성장 과정을 지켜보던 사람들이 함께 응원하고 지지하며 어려울 때 기꺼이 나서 주는 진정한 팬이 되어 줄 것입니다.

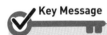

Key Message

브랜딩 마인드셋 세 가지의 의미를 다시 한번 생각해 보면 좋겠습니다.
첫째 "브랜딩은 매출이고 파는 것이 브랜딩이다"
둘째 "브랜딩은 복리로 돌아온다"
셋째 "브랜딩의 핵심은 일관성"

브랜딩 준비를 위한
체크리스트 5

브랜딩 실무를 위해서는 준비 작업이 필요합니다. 브랜드와 브랜딩 기초 지식도 쌓았고 브랜딩 마인드셋도 알게 되었다면 이제 본격적으로 브랜딩 준비를 시작해야 합니다.

아래의 체크 리스트는 브랜딩 실무를 위한 기본적인 내용입니다. 지금 하는 브랜딩과 비교하면서 혹시 무엇이 빠졌는지 또는 무엇을 추가해야 하는지를 확인해 보기 바랍니다.

NO.	내용	체크
1	브랜드 정체성(콘셉트, 비전, 가치, 타깃, 메시지)	
2	브랜드 로고, 슬로건, 컬러, 패키지 디자인 등 비주얼 요소	
3	브랜딩 채널(온라인, 오프라인), 스토리텔링, 경험	
4	브랜딩 가이드(브랜딩 내부 정책, 규칙 등) 문서	
5	브랜딩 콘텐츠 가이드(텍스트, 이미지, 영상 등) 가이드	

브랜드 정체성은 앞서 말씀드렸던 다섯 가지를 의미합니다. 우리 브랜드가 어떤 브랜드인지를 문서로 정리해야 합니다.

1. 브랜드 콘셉트(concept) : 브랜드의 존재 이유

2. 브랜드 비전(vision) : 브랜드의 미래

3. 브랜드 가치(value) : 브랜드의 혜택

4. 브랜드 타깃(target) : 브랜드의 공감

5. 브랜드 메시지(message) : 브랜드의 가치관

각각의 의미는 'part4. 소규모 비즈니스 브랜딩 3단계'의 '02. 브랜딩 초보 탈출 1단계: 브랜드 정체성'에서 다시 확인 바랍니다.

브랜드 비주얼 요소는 눈에 보이는 디자인 요소를 의미합니다. 예를 들면 카카오의 로고와 옐로우 색상, 패키지와 굿즈의 디자인 등 브랜드가 실체적으로 표현되는 모든 것을 의미합니다. 브랜드 비주얼 요소는 브랜드 정체성이 정리되고 브랜드 정체성을 표현하는 방법이나 도구가 되어야 합니다. 각각의 비주얼 요소는 브랜드 정체성이 전달하고자 하는 의미를 담고 있습니다.

브랜딩 채널은 실질적으로 브랜딩을 어디서 할 것인가를 의미합니다. 온라인이라면 홈페이지, 소셜미디어부터 제품이나 서비스를 유통하는 채널도 포함됩니다. 오프라인이라면 매장, 백화점, 팝업 스토어 등 제품이나 서비스를 직접 체험할 수 있는 공간이 해당됩니다.

카카오의 굿즈 매장에 들어가면 입장하기 전부터 '아 여기는 카카오네'라는 것을 알아야 할 것이고 매장에 머무는 동안 카카오의 브랜드가 방문객에게 어떤 감정과 이미지를 심어 주고 싶어하는지가 전달될 수 있어야 합니다. 브랜드의 스토리텔링과 브랜드 경험이 이루어지는 곳이라면 온라인, 오프라인 어디든 해당됩니다.

브랜딩 가이드는 브랜딩의 기준을 정리해 놓은 문서를 말합니다. 학교로 비유하면 교칙 같은 것입니다. 브랜드가 할 수 있는 것과 해서는 안 되는 것을 정리해 놓은 것입니다. 가이드가 필요한 이유는 '일관성'을 유지하기 위함입니다. 간단한 예로 내부에서든 외부에서든 브랜드 로고를 사용할 때는 사용자 마음대로 색상이나 모양을 바꿔서는 안 됩니다. 최종 고객이 헷갈리고 브랜드 관리가 안 된다고 느끼기 때문입니다. 만약 카카오 로고를 네이버 로고 배경색에 네이버 로고처럼 사용한다면 어떻게 느낄까요? 이게 카카오인지 아니면 네이버인지 헷갈릴 것입니다.

누가 고객을 응대하더라도 같은 메시지와 같은 응대 방법으로 대할 수 있어야 합니다. 제품이나 서비스를 제공할 때 발생될 수 있는 다양한 변수들에 대해서도 정리해 놓는 것이 필요합니다.

브랜딩 콘텐츠 가이드는 외부로 표현되는 브랜드의 메시지, 이미지, 영상 등의 규칙입니다. 사람들의 최근 관심사에 편승하기 위해 논란의 여지가 있는 이슈를 활용해서 콘텐츠를 만들어서는 안 됩니다. 브랜드에 오히려 악영향을 주고 어렵게 쌓은 신뢰를 한순간에 무너뜨릴 수도 있습니다. 예를 들면 콘텐츠의 형식에 따른 가이드, 콘텐츠의 주제, 콘텐츠 제작 및 노출의 책임과 과정, 톤앤매너 등이 해당됩니다. 이 역시 '일관성'을 유지하기 위한 장치입니다.

소규모 비즈니스의 경우 한 가지 팁을 드리자면 내부적으로만 볼 수 있고 공유 가능한 '노션'과 같은 온라인 서비스를 활용해서 브랜딩 관련 자료 등을 정리해 두는 것을 추천드립니다. 최근에는 노션을 마치 홈페이지처럼 사용하는 브랜드도 있습니다. 단순히 내부용 협업 등을 위한 업무 공유 차원이 아니라 외부 누구라도 확인할 수 있도록 오픈하여 활용하는 경우입니다.

'노션' 외에도 업무 협업툴과 같은 기능의 서비스가 다양하고 누구나 쉽게 사용할 수 있고 공유 가능한 구글 문서를 활용하는 방법도 있으니 조건과 상황에 따라 선택하여 사용하길 추천해 드립니다.

03

비즈니스 론칭,
3개월 액션 플랜

만약 브랜드 론칭을 3개월 앞둔 시점이라면 가장 먼저 무엇부터 해야 할까요?

앞서 말씀드린 체크리스트를 확인하는 것도 필요합니다만 어떤 순서로 무엇부터 해야 할지 헷갈릴 수 있습니다. 제가 브랜딩에 참여한 '고요별서 북스테이'를 예시로 비즈니스 론칭을 앞둔 3개월 브랜딩 액션 플랜의 핵심만을 말씀드립니다. 각각의 비즈니스 론칭 상황과 조건에 따라 다를 수 있다는 점을 고려하여 참고로 보길 바랍니다.

◈ 비즈니스 론칭 3개월 전

:: 브랜드 네이밍

브랜드 네이밍은 비즈니스 분야, 콘셉트 등을 고려하여 3회차 정도에 걸쳐 후보를 좁혀 나갑니다. 예를 들면 우선 콘셉트의 방향을 결정합니다. 만약 '별서'라는 키워드를 중심으로 네이밍을 하는 방향이 A안이고 B안으로는 '리트리트'라는 키워드를 중심으로 네이밍하는 방향이 있다고 한다면 두 가지 방향 중에 한 가지를 방향을 결정하는 것을 우선으로 합니다.

한글 네이밍을 할 때는 영문으로 사용하거나 로고를 만들 때도 고려해야 합니다. 또한 향후 광고와 마케팅 등에서 사용할 때 글자의 길이도 고려하는 것이 좋습니다. 개인적으로는 한 번에 읽을 수 있는 수준의 네이밍이 좋다고 생각합니다. 글자수는 3~4개를 넘지 않는 것을 추천합니다만 이는 상황에 따라 다를 수 있으니 참고로만 이해하면 좋겠습니다.

'별서'라는 키워드를 활용하여 네이빙의 방향이 결정되었다면 '별서'의 의미나 단어를 포함한 네이밍 후보들을 선별합니다. 예를 들면 '고요별서', '사유별서' 등이 있을 수 있습니다. 좁혀진 후보 중 최종 선택된 네이밍을 결정합니다

:: 브랜드 로고

로고는 일반적으로 많이 사용하는 심볼과 텍스트의 조합이 있을 수도 있고 텍스트를 로고로 만드는 예도 있습니다. 로고의 형태를 우선 결정합니다. 로고의 형태가 결정되면 심볼과 폰트, 색상 등을 다양하게 조합하여 후보를 선정합니다. 심볼과 폰트, 색상 등은 단지 로고에만 적용되는 것이 아니라 브랜드의 비주얼 요소 전반에 영향을 미치기 때문에 브랜드의 의미와 비즈니스 분야 등을 전반적으로 고려해야 합니다. 바꿔 말하면 단순히 보기 좋고 예쁜 것을 만드는 것이 아니라 로고는 브랜드의 메시지를 표현하는 방법이라는 것을 잊지 말아야 합니다.

최근에는 달라졌지만 과거에는 식품 브랜드에 사용하지 않는 색상이 검정색이었습니다. 식욕을 자극하는 색상이 아니기 때문입니다. 색상마다 전달하는 감정과 표현하는 의미가 있다는 점도 참고해야 합니다.

로고가 결정되면 한글, 영문, 기본형과 응용형 등 로고가 사용될 다양한 기준을 만듭니다. 예를 들어 홈페이지 또는 광고 매체에 따라 가로형 로고가 사용되는 경우가 있습니다. 세로형 로고만 만들면 추후 가로형 로고가 필요할 때 새로 만들어야 하는 수고가 생깁니다. 한글 로고라고 하더라도 영문으로 표기할 필요가 있을 때도 있습니다. 이때를 위해 한글과 영문 모두 만들어야 합니다.

:: 브랜드 정체성 정리

브랜드 정체성은 다섯 가지 구성 요소를 정리하는 것입니다.
1. 브랜드 콘셉트(concept): 브랜드의 존재 이유
2. 브랜드 비전(vision): 브랜드의 미래
3. 브랜드 가치(value): 브랜드의 혜택
4. 브랜드 타깃(target): 브랜드의 공감
5. 브랜드 메시지(message): 브랜드의 가치관

사실 브랜드 정체성은 새롭게 만드는 것이 아닌 브랜드 론칭을 준비하면서 창업자의 생각, 히스토리 등을 다시 정리하는 것에 가깝습니다. 비즈니스를 준비하는 과정에서 창업자가 머릿속으로 그려 왔던 생각들을 글로써 정리한다고 생각하면 좋습니다.

기본적인 다섯 가지 구성 요소 외에 브랜드 약속, 일하는 방법 등을 추가해도 좋습니다. 내부 구성원뿐만 아니라 외부에서 고객들에게 브랜드의 신뢰감을 줄 수 있습니다.

브랜드 슬로건도 브랜드 정체성을 기본으로 만들게 됩니다. 예를 들면 깊이 있는 생각을 위한 공간을 제공하는 고요별서의 슬로건은 '고요 속에서 나를 찾다'입니다. 복잡한 일상에서 벗어나 오롯이 자신만의 시간과 공간 속에서 깊이 있는 생각을 통해 삶의 질을 향상시킨다는 의미를 담고 있습니다.

:: 브랜드 스토리

브랜드 정체성을 기본으로 브랜드 스토리를 만듭니다. 브랜드 스토리는 왜 이 브랜드가 시작되었고 무엇을 위한 브랜드이며 앞으로 누구를 대상으로 어떤 브랜드가 될 것인지를 정리합니다.

브랜드 스토리의 대상은 타깃 고객이 되어야 하며 타깃 고객이 브랜드 스토리를 읽었을 때 마치 자신이 브랜드의 주인공이 된 것처럼 느낄 수 있어야 합니다. 타깃 고객의 머릿속에 브랜드 스토리를 읽고 난 후 브랜드 경험을 상상할 수 있다면 가장 좋습니다.

:: 브랜드 콘텐츠

브랜딩을 위해 어떤 콘텐츠를 어떻게 만들지를 정리합니다. 앞서 체크리스트에서 브랜드 콘텐츠 가이드에 해당되는 부분입니다. 좀 더 구체적으로는 콘텐츠의 규칙, 톤앤매너뿐만 아니라 브랜드 콘텐츠의 주제, 계획 등도 정리해야 합니다.

또 브랜딩 채널마다의 콘텐츠도 결정되어야 합니다. 홈페이지에서 제공해야 할 콘텐츠는 무엇이며 소셜미디어와 광고 매체에는 어떤 콘텐츠를 제공할 것인지 등이 정리되어야 합니다. 한번 가이드가 정리되면 어떤 사람이 콘텐츠를 만들더라도 일관성이 유지된 콘텐츠를 제공할 수 있습니다.

◈ 비즈니스 론칭 2개월 전

비즈니스 론칭 2개월 전부터는 본격적인 브랜딩 실무 작업이 진행됩니다. 예를 들면 홈페이지 제작, 소셜미디어 개설, 체험단, 광고 및 마케팅 방안 등이 그것입니다.

론칭 2개월 전에는 계획이 수립되어야 론칭 1개월 전 사전 마케팅, 광고와 함께 브랜딩을 시작할 수 있습니다.

예를 들면 도서를 좋아하고 북스테이 머문 경험이 있으며 평소 친분이 있는 북스타그래머를 초대하여 정식 오픈 전에 체험 후기 콘텐츠가 업로드될 수 있도록 섭외와 일정을 조율합니다.

체험단 등을 진행할 때 특히 중요한 것은 우리 브랜드와 결이 맞느냐 하는 것입니다. 브랜드와 결이 맞다는 것은 브랜드의 타깃 고객에 해당되느냐로 바꿔 말할 수 있습니다. 즉 체험단으로 선정하는 사람 역시 브랜드의 고객이 될 사람이냐는 것입니다.

또한 브랜드 정체성 및 스토리를 전달할 수 있어야 합니다. 공식 론칭 후 잠재 고객들이 체험단의 콘텐츠를 보고 브랜드의 콘셉트와 메시지 등을 충분히 이해할 수 있는 내용이 포함되어야 합니다. 체험단으로 선정된 분이 자신이 하고 싶은 이야기만 주관적으로 전달해서는 굳이 사전에 섭외를 하여 체험단을 진행하는 의미가 없습니다.

추가로 가까운 지인, 친구, 가족 등은 가급적 피해야 합니다. 제품이나 서비스를 알리는 데 도움을 주고 싶은 마음은 알겠으나 브랜드와 결이 맞지 않고 그들이 영향력을 미칠 수 있는 사람이 브랜드의 잠재 고객이 아닌 경우일 때가 많기 때문입니다.

홈페이지, 소셜미디어 등에 어떤 콘텐츠를 제공할지 결정이 되고 오픈을 했다면 이제 마지막으로 공식 론칭을 준비해야 합니다.

◈ 비즈니스 론칭 1개월 전

론칭 1개월 전에 가장 핵심이 되는 방향은 '기대감' 조성입니다. 기대감 조성을 위해서는 론칭 일정 및 계획, 론칭 기념 이벤트 등을 콘텐츠로 활용하는 방법이 있습니다.

예를 들면 잠재 고객들이 주로 이용하는 온라인 매체에 광고를 하거나 론칭 기념 무료 체험단을 모집하는 경우 등이 있습니다. 또한 2개월 전부터 진행하던 인플루언서는 지속적으로 유지하는 것이 좋습니다. 특히 잠재 고객이 브랜드에 대해 검색할 수 있는 미디어에는 모두 노출될 수 있도록 해야 합니다.

또한 뉴스 기사, 블로그, 카페, 유튜브, 인스타그램 등에 체험단의 후기 또는 브랜드 제공자료가 노출되어야 합니다. 잠재 고객이 어디서 정보를 얻더라도 일관된 브랜드 메시지가 포함될 수 있도록 브랜드가 진행하는 외부 노출 콘텐츠의 관리도 함께 해야 합니다.

식당 앞에 손님들이 줄을 서 있다면 지나가는 사람이 볼 때는 '저 매장은 사람들이 줄을 설 정도로 장사가 잘되는 걸 보니 분명 맛이 있는 곳이겠구나'라고 생각합니다. 매장 앞에 손님들을 줄을 세우는 방법의 하나는 수량 또는 시간을 한정하는 것입니다.

백종원의 골목시장을 통해 인기 맛집으로 소문난 '연돈'은 이른 새벽부터 매장 앞에서 대기 번호를 받아야 할 뿐만 아니라 그마저도 하루에 많은 인원이 입장할 수 없는 것으로 유명합니다. 사람들은 불편함을 호소하고 다시 방문하지 않을 법도 한데 사실은 그렇지 않습니다. 자신의 노력과 시간을 투자한 만큼 보상받고 싶은 심리가 더 커지기 때문에 지난번보다 더 이른 시간에 줄을 서게 마련입니다. '안 먹고 만다'보다 '꼭 먹고 말 테야'라는 심리가 더 강하게 작용한다는 뜻입니다.

이처럼 론칭을 앞둔 시점에서는 잠재 고객이 기대감을 갖고 다른 사람보다 먼저 경험하고 싶어하는 혜택을 제공하는 것도 좋은 방법입니다.

◆ 비즈니스 론칭 후

많은 사람들의 기대와 관심 속에 론칭이 성공적으로 잘 진행되었다면 이제부터 중요한 것은 후기 관리입니다. 지금까지는 일부 체험단 등 긍정적 후기를 제공할 수 있는 사람들이 주된 고객이었다면 이제부터는 브랜드의 기대감을 얼마나 만족했는지를 실질적으로 체감할 수 있는 일반 고객들이 대상입니다.

가장 집중해야 할 것은 고객들의 후기가 브랜드가 전하고자하는 이미지, 감정을 담고 있는지입니다. 만약 브랜드가 전하고자하는 메시지가 담겨 있지 않다면 브랜딩 채널, 콘텐츠 등 어딘가에서 문제가 생긴 것입니다. 온라인이든 오프라인이든 관계없이 왜고객들이 우리 브랜드가 전하고자 하는 메시지와 이미지를 경험하지 못하는지를 확인해야 합니다.

지금까지 '고요별서 북스테이'의 브랜딩 준비 과정을 예시로주요 핵심 내용들을 말씀드렸습니다. 제품 또는 서비스의 품질을높이는 것은 기본입니다. 이 점에 대해서는 굳이 언급하지 않은 것은 당연히 제품 또는 서비스의 품질이 좋지 않다면 브랜딩을 해서는 안 되기 때문입니다.

소비자가 만족할 만한 충분한 품질을 갖춘 제품이나 서비스

가 있다면 이제는 우리 브랜드를 누가 얼마나 많이 경험하느냐에
초점을 맞춰 준비하길 추천해 드립니다.

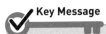

Key Message

비즈니스 론칭 시가와 단계에 맞춰 미리 필요한 항목들을 체크
하고 준비해서 론칭이라는 중요한 타이밍을 놓치지 않고 성공적
인 시작을 하길 바랍니다.

04

브랜딩 전략 3단계:
노출, 인지, 경험

파는 것이 브랜딩이라고 말씀드렸습니다. 팔기 위해서는 일단 우리 브랜드가 있다는 것을 소비자가 알아야 합니다.

브랜딩 전략을 노출, 인지, 경험의 3단계로 나누어 말씀드립니다.

1단계는 노출입니다.

노출은 말 그대로 우리 브랜드의 대상에게 브랜드를 보여 주는 것입니다. 예를 들면 '브랜드 론칭 기념 행사'와 같이 유명 브랜드가 신규로 시장에 진입하면서 잠재 고객을 대상으로 대대적인 알리기 활동을 하는 것과 같습니다.

소규모 비즈니스의 노출은 다수의 대중을 상대로 하는 것이 아니기 때문에 좀 더 좁고 전략적으로 접근해야 합니다. 바꿔 말하면 타깃을 향해 자동 소총을 쏘듯이 마구 쏘아 대는 것이 아니라 양궁을 하듯이 한 발 한 발 신중하게 타깃을 맞춰야 한다는 의미입니다.

소규모 브랜드가 가장 집중해야 할 노출을 위한 브랜딩 전략은 바로 '키워드' 활용입니다.

다수를 대상으로 브랜딩할 수 있는 예산과 인력, 시간 등이 부족하기 때문에 우리 브랜드와 관여도가 높은 사람들을 우선으로 브랜드를 노출하는 것입니다.

키워드라고 하면 '남성 화장품'과 같이 노출되는 브랜드가 많고 경쟁이 치열한 키워드가 아닌 '여드름 때문에 고민하는 남성을 위한 올인원 로션'과 같이 브랜드의 대상을 좀 더 좁고 명확하게 하는 키워드의 활용이 필요합니다. 또한 키워드를 활용할 때는 브랜드가 제공하는 혜택이 무엇인지를 포함하는 것을 고려해야 합니다. 예를 들어 단순히 남자 피부에 좋은 화장품이 아닌 이 화장품은 남자 피부 트러블 중 어떤 문제를 해결해 줄 수 있는지를 함께 이야기하는 것입니다.

피부가 거친 남자 피부의 피부톤을 한 번에 쫀쫀하게 정리해 준다든지 흉터가 있는 피부를 말끔하게 가려 준다든지 브랜드가 제공하는 혜택을 함께 언급하여 잠재 고객으로 하여금 이 브랜드가 내가 찾던 브랜드, 나를 위한 브랜드라는 생각이 들 수 있게 구체적이어야 합니다.

소규모 비즈니스의 브랜드 노출은 블로그, 인스타그램, 유튜브 등 개설에 비용이 들지 않고 다수의 후기 확보 등이 가능하며 잠재 고객이 주로 사용하는 온라인 미디어를 중심으로 진행하길 추천드립니다.

다만 지역 상권 기반의 오프라인의 비즈니스라면 당근, 맘카페, 네이버 플레이스 등 지역 기반 노출 미디어와 전단지를 활용해야 합니다. 전단지의 효과에 대한 회의적 의견이 있을 수 있지만 그것은 전단지라는 매체 자체의 문제라기보다는 전단지의 내용, 즉 콘텐츠에 대한 것 그리고 대상에게 전달이 되느냐에 대한 문제 때문에 효과에 대해 회의적일 수 있습니다. 지역 상권에서는 비용 대비 효과가 좋은 것이 전단지입니다. 전단지의 내용에 대해 다시 한번 점검하고 브랜드의 메시지가 명확하고 혜택 중심으로 정리가 되어 있는지를 점검해 보면 좋겠습니다.

2단계는 인지 단계입니다.

노출을 통해 브랜드를 알게 되었다면 인지 단계에서는 그동안 준비해 두었던 브랜드 콘텐츠를 통해 브랜드의 메시지를 전달하는 단계입니다.

　　예를 들어 소셜미디어 등을 통해 브랜드에 대해 알게 되었고 좀 더 브랜드를 알고 싶은 고객이 홈페이지로 방문할 수 있도록 링크를 제공합니다. 링크를 통해 홈페이지를 방문한 고객에게 무엇을 어떤 순서로 보여 줄 것인가가 인지 단계에서 결정되어야 할 내용입니다.

　　만약 여러분이 어느 브랜드를 알게 되고 관심이 생겨 홈페이지를 방문했을 때 기대하는 내용은 무엇일까요? 물론 잠재 고객의 상황에 따라 다를 수 있습니다만 아마도 브랜드의 비전부터 보고 싶지는 않을 것입니다. 홈페이지까지 찾아온 잠재 고객이 기대하는 것은 내가 찾는 브랜드가 맞는가 아닌가 하는 것입니다. 바꿔 말하면 이 브랜드가 누구의 무엇을 위한 브랜드인지가 가장 먼저 이야기되어야 한다는 것입니다. 그것이 이해가 된 잠재 고객이라면 브랜드의 히스토리가 궁금할 것이고 비전이 궁금할 것입니다. 따라서 인지 단계에서 가장 중요하고 집중해야 할 것은 이 브랜드가 잠재 고객이 찾고 있는 미래, 해결하고 싶은 문제를 위한 브랜드라는 것을 인식시켜야 합니다.

　　앞서 예를 들었던 남자 화장품의 경우 여드름이 말끔히 사라져 깨끗한 피부를 보여 주는 남자 모델 또는 고객 후기를 가장 먼저 보여 준 후에 우리 브랜드가 왜 잠재 고객을 위한 브랜드인지 무엇을 제공할 수 있는지 근거와 히스토리를 이야기한다면 자연스럽게 브랜드에 대해 인식할 수 있습니다. 바꿔 말하면 브랜딩 콘텐츠를 브랜드가 정리한 순서가 아닌 잠재 고객이 찾는 순서로 제공한다는 것이 핵심 포인트입니다.

인식 단계에서 긍정적 신뢰가 생긴다면 이제 다음 단계는 잠재 고객이 브랜드가 말한 대로 약속을 지키는지 직접 경험해 볼 단계입니다.

3단계는 경험 단계입니다.

노출과 인지 단계에서 브랜드에 대한 관심, 신뢰를 쌓아 온 잠재고객에게 확신과 만족을 제공하는 단계입니다. 이 단계의 만족도에 따라 우리 브랜드의 자발적 영업사원이 되어 줄지 아니면 강력한 안티가 될지 달려 있습니다.

지키지 못할 과장된 약속으로 기대감만 잔뜩 부풀려 놓고 정작 브랜드 경험은 약속과 달리 초라하기 그지없다면 많은 시간과 노력을 들여 애써 잠재 고객이 브랜드 경험까지 한 노력이 모두 의미가 없습니다.

경험 단계에서의 목표는 만족을 넘어 감동을 하게 하는 것이 이상적 목표입니다. 만족이라는 것은 잠재 고객 입장에서는 기본 값입니다. 만족을 넘어 감동을 제공하는 브랜드라야 일반 소비자에서 단골이 되고 단골에서 팬이 될 수 있습니다.

따라서 이 단계에서는 고객의 예상을 뛰어넘는 경험이 무엇인지를 고려해야 합니다.

간단한 예를 들어 전혀 생각하지 못했던 서비스가 제공될 수도 있습니다. 또는 세심한 배려가 담긴 디테일한 포장, 안내 등이 될 수도 있습니다. 어느 것이라도 고객의 일반적인 예상을 뛰어넘는 것이 무엇인지를 생각하고 제공한다면 고객은 다른 브랜드에서는 경험하지 못한 감동에 브랜드에 대한 우호적 이미지를 갖게 될 것입니다.

한 가지 방법을 말씀드린다면, 일부 제약 조건이 있더라도 다른 브랜드에서 유료로 제공하는 것을 우리 브랜드에서는 무료로 제공하는 방법이 있습니다. '어 다른 데는 전부 돈을 받던데?'라는 반응이 나올 수 있는 것이 무엇이 있을지 생각해 보면 좋겠습니다.

Key Message

노출, 인지, 경험의 3단계에 따라 각각의 브랜딩 전략을 세우고 노출에서 경험까지 자연스러운 흐름이 될 수 있는 고객 이동 경로를 만들어 보기 바랍니다.

05

다시 브랜딩을
시작하는 방법

이미 브랜드를 론칭하고 운영 중인데 리브랜딩(rebranding)을 해야 하는 경우가 있습니다. 리브랜딩은 일반적으로 소비자의 기호, 취향, 환경 변화 등을 고려해 기존 제품이나 브랜드의 이미지를 새롭게 바꾸는 것을 말합니다.

로고를 바꾸거나 슬로건을 바꾸기도 하고 브랜드 메시지 등을 다시 정리하기도 합니다. 특히 오래된 브랜드의 이미지를 개선하기 위해 하는 경우가 많습니다.

예를 들어 20년 전 20대 영타깃을 대상으로 했던 브랜드라면 그때의 영타깃은 이미 중년이 되었으며 지금의 20대 영타깃이 선호하는 브랜드는 그때와 달라졌기 때문입니다.

　잘 알려진 리브랜딩 사례로는 검정색 볼펜의 대명사인 '모나미'가 있습니다. 올드하고 지루한 이미지가 아닌 컬러풀하고 재미가 있는 브랜드로 리브랜딩하며 초등생 소비자까지 아우르는 브랜드가 되었습니다. 또 다른 사례로는 '리복'이 있습니다. 90년대까지만 하더라도 나이키와 함께 국내에서 인기 브랜드로 손꼽히던 리복은 점차 하향세를 걷다가 유명 래퍼 켄드릭 라마와 협업 등을 통해 젊은 세대의 관심을 끄는 한편 패션 브랜드로의 확장을 통해 다시 젊고 힙한 브랜드로 리브랜딩을 하였습니다. 이외에도 설화수, 기아 차 등이 모델, 로고, 브랜드 메시지 등을 교체하며 리브랜딩에 성공하였습니다.

　리브랜딩을 하기 위해서는 앞서 브랜드 정체성에서 말씀드린 '해체와 조립'의 과정이 필요합니다. 이때 무엇을 해체하고 다시 무엇을 조립하느냐에 따라 리브랜딩의 방향이 달라질 수 있습니다. 예를 들면 기존 브랜드가 꾸준히 유지해 온 '장인정신'이라는 가치관을 유지한 채 디자인의 올드함을 요즘 젊은 세대가 좋아하는 힙한 느낌의 디자인과 조화를 이루는 방법이 있습니다. 물론 겉으로 보이는 것으로 리브랜딩이 끝나는 것이 아닙니다. 리브랜딩 역시 브랜딩이라는 점에서 변함은 없습니다. 변화된 모습을 다시 일관성 있게 유지하는 것이 중요합니다.

문제를 해결하는 방법은 문제가 있다는 것을 인지하고 그 원인을 정확히 찾는 것에서 시작됩니다. 해체 과정에서는 현재 브랜드의 문제점을 파악하고 브랜드가 속한 시장과 고객의 변화에 대해 조사를 해야 합니다. 우리 브랜드가 못 보고 있는 것이 무엇인지 무엇을 놓치고 있는지를 알아야 문제점을 개선할 수 있기 때문입니다. 내부적으로 외부적으로의 분석과 조사가 끝났다면 브랜드 정체성을 다시 조립해야 합니다. 어떤 것을 유지하고 어떤 것을 교체할지가 결정되어야 합니다. 한 가지 중요한 점은 기존에 고객들이 브랜드를 좋아하고 소비해 왔던 본질이 무엇인지를 이해하는 것입니다. 즉 좋은 점은 유지한 채 더 좋아지는 것이 핵심이라는 의미입니다. 단순히 달라 보인다는 것만으로는 리브랜딩이라고 할 수 없습니다. 기존 고객에게는 기존에 좋았는데 더 좋아진 것이 되어야 하고 신규 고객에게는 이렇게 좋은지 몰랐는데 좋아지는 것을 목표로 해야 합니다.

리브랜딩을 위한 브랜드 정체성의 해체와 조립이 끝났다며 이제 다시 브랜드를 론칭하는 것과 마찬가지의 과정을 진행하면 됩니다. 과거의 경험을 기본으로 효과가 좋았던 브랜딩 활동을 하며 새롭게 달라진 브랜딩에 대한 고객들의 반응을 모니터링합니다.

리브랜딩의 목적과 기대했던 반응을 보며 향후의 브랜딩 전략을 세웁니다.

AI 시대,
브랜딩은 선택이 아닌 필수

◇◇◇◇◇◇◇◇◇◇◇◇◇◇◇◇◇◇◇◇◇◇◇◇◇

◈ 기술은 만병통치약이 아닙니다

하루가 멀다 하고 새로운 기술과 미디어가 등장하고 계절이 바뀌기가 무섭게 유행이 달라지고 새로운 제품과 서비스가 등장합니다. 그때그때의 임기응변만으로는 시대의 변화를 따라잡을 수도 없을뿐더러 그 방법을 오래 유지할 수도 없습니다.

새로운 무언가가 나올 때마다 또 무엇을 배우고 활용해야 할지 매번 이것저것 시도하면서 시간을 쓰다 보면 결국 대부분의 마케팅과 브랜딩 활동이 기초 단계의 지식과 경험 수준을 벗어나기 힘들어집니다. 부족한 시간에도 불구하고 항상 많은 일을 했다고 생각하지만, 그때뿐이고 크게 나아지거나 달라지지 않습니다.

결국 가장 고민하고 해결해야 할 문제가 무엇인지 모르거나 외면하기 때문에 많은 돈, 시간과 노력을 투자하더라도 제자리걸음이 되는 것입니다. 학생으로 비유하면 왜 지금 이 문제를 배우고 있는지, 지금 배우는 문제의 핵심이 무엇인지 모른 채 매번 첫 번째 장의 첫 번째 문제만 반복해서 풀고 있는 셈입니다.

지금이라도 마케팅과 브랜딩의 큰 그림을 그리지 않는다면 마치 코끼리를 한 번도 본 적 없는 장님들이 코끼리 일부만을 만지고 서로가 자신이 말하는 코끼리의 모습이 옳다고 하는 상황이 반복될 수밖에 없을 것입니다. 한마디로 자신의 비즈니스임에도 불구하고 자신조차 무엇을 왜 하는지 알기 힘들다는 말씀입니다.

누군가는 기술의 발전으로 다양한 AI 서비스들이 나오고 있어서 앞으로는 마케팅과 브랜딩을 잘 몰라도 AI 서비스만 이용할 줄 안다면 누구나 마케팅과 브랜딩을 잘할 수 있다고 하기도 합니다. 로봇이 요리를 만들어 주니 장사가 잘될 거라고 하는 말과 다르지 않습니다.

AI 서비스를 만드는 것도 사람이고 AI 서비스를 마케팅과 브랜딩하는 대상도 사람입니다. 기술이 핵심이 아니라 사람이 핵심입니다.

사람은 AI 기술처럼 빠르게 발전하지도 다양하게 바뀌지 않습니다. 사람에 대한 이해 없이 단지 기술만을 이야기하는 것은 마케팅과 브랜딩의 목적과 본질이 무엇인지 알지 못하고 하는 이야기일 뿐입니다.

챗GPT와 같은 AI 기술이 발전하고 있으므로 지금 하는 마케팅, 브랜딩의 돈, 시간과 노력을 크게 줄여 주고 도움이 되는 것도 사실입니다. 하지만 어떤 기술의 발전도 왜 그것을 하느냐, 누가 그것을 하느냐와 어떻게 사용하느냐에 따라 그 결과는 천차만별입니다.

특히 AI 기술을 잘 활용하기 위해서는 오히려 지금보다 내가 무엇이 필요한지, 왜 그것을 찾는지, 어떻게 물어야 하는지를 더 잘 알아야 합니다. 질문을 잘할 줄 알아야 한다는 뜻입니다. 그리고 질문을 잘하려면 지금 내가 모르는 것과 아는 것을 구분할 줄 알아야 합니다.

바꿔 말하면 AI 기술 등은 만병통치약도 아니고 건강 그 자체가 아니라는 것입니다. 평소에 건강 관리를 하지 않으면서 영양제를 많이 먹는 것이 건강을 오래 유지할 수 있는 해결책이 되지 않는다는 의미입니다.

마케팅과 브랜딩의 큰 그림을 그린다는 것은 앞으로의 건강 관리를 위해 무엇을 하고 왜 해야 하는지와 어떻게 할 것인지를 계획하는 것과 마찬가지입니다. 사람으로 바꿔 말하면 기술은 건강 관리를 더 잘할 수 있게 돕는 것이지 기술이 내 건강을 만들어 주는 것은 아닙니다.

지금 하는 비즈니스를 오래도록 유지하고 성장하고 싶다면 기술을 익히는 것 이전에 현재의 상태를 진단하고 문제를 파악해서 마케팅과 브랜딩의 방향 설정부터 해야 한다는 뜻입니다.

건강 관리를 잘하고 건강을 오래 유지하려면 영양제부터 먹을 것이 아니라 현재 건강 상태를 파악하고 그에 맞는 식단과 운동법부터 배워야 한다는 뜻입니다.

◈ 더 늦기 전에 시작하세요

지금보다 브랜드가 더 다양해지고 소비자의 선택지가 많아질수록, AI와 같은 서비스가 발전하고 소비자를 대신하여 선택하는 시대가 될수록 브랜딩은 선택이 아닌 필수가 될 것입니다.

기억되지 않는 것은 없는 것과 마찬가지라는 말이 있습니다. 사람들은 많은 것을 기억하려고 에너지와 시간을 쓰지 않습니다. 만약 지금 하는 브랜드의 성과가 미흡하다면 더 많은 사람들에게 기억될 수 있도록 하는 것이 하루라도 빨리 브랜딩에 관심을 가지고 시작하는 것이 우선입니다.

제품이나 서비스의 품질이 나빠서 브랜딩이 잘되지 않는 것이 아닙니다. 제품이나 서비스의 퀄리티는 충분함에도 불구하고 너무 바빠서 또는 브랜딩에 관심이 없어서일 뿐입니다.

그러니 지금이라도 더 늦기 전에 브랜딩을 시작하기 바랍니다. 지금부터 1년 후 오늘의 선택이 가장 잘 결정한 것이라고 이야기할 거라 믿습니다. 여러분의 시작을 제가 응원하고 돕겠습니다.

지난해 『하루 10분 마케팅 습관』에 이어 올해 『하루 10분 브랜딩 습관』을 출간하게 되었습니다. 마케팅, 브랜딩 지식과 경험이 부족하여 어려움을 겪는 소규모 사업자들에게 도움을 드리고자 하는 마음으로 만들었습니다.

두 권의 책이 마케팅과 브랜딩을 어디서부터 어떻게 시작해야 할지 고민하는 분들의 고민을 해결하고 비즈니스 성장의 기회를 발견하는 데 도움이 되길 진심으로 바랍니다.

이 책을 구매해 주셔서 감사드립니다.

이 책이 세상에 나오기까지 감사드릴 분들이 많습니다. 가장 먼저 다반의 노승현 대표님께 깊이 감사드립니다. 항상 부족한 저에게 아끼지 않는 응원과 지지를 보내 주신 덕분에 이 책이 세상에 나올 수 있었습니다. 앞으로도 오랫동안 함께 더 좋은 책을 만들어 가길 진심으로 바랍니다.

항상 저의 전자책과 종이책을 읽어 주시고 따뜻한 말씀을 아끼지 않는 독자님들, 소셜미디어 친구들, 채팅방 멤버들, 독서클럽 멤버분들께도 감사드립니다. 앞으로도 마케팅, 브랜딩, 세일즈, 글쓰기 등에 도움이 되는 책과 콘텐츠를 공유해 드리겠습니다.

항상 저의 고민은 저 자신에 대해 스스로 얼마나 잘 알고 있느냐 하는 것입니다. 책을 쓰면서 자신에 대해 점점 더 알면 알수록 겸손해지는 것이 얼마나 중요한지도 깨닫게 됩니다. 그리고 부족한 제가 새로운 도전을 할 수 있도록 용기를 주는 분들이 계신 것에 큰 감사함을 느낍니다.

항상 저를 믿고 응원해 주시는 북토크 전문 독립서점 '더 나은 책방' 황의숙 대표님, 대한민국 북스테이 대표 브랜드 '고요별서' 루혜 대표님, 문경약돌축산물명품화협의회의 김민정 국장님, 이미용 과장님, 여수 웅천 필라테스 윤진샘, 인터렉티브 브랜드 웹 전문 및 엠틱(MTIC) 개발사 엠펀치 김효준 대표님, 크리에이티브 브랜드 바나나투나잇의 임직원분들 그리고 저의 영원한 팀원인 박진영님께도 깊이 감사드립니다.

부족한 저를 이해하고 응원해 주는 소중한 지인들과 태을이네, 제인이네, 도담이네 가족들께도 큰 감사를 드립니다. 여러분과 인연을 맺은 것은 큰 행운입니다. 오랜 시간 저희 가족과 함께 해준 지인, 윤나, 은희, 미정 그리고 연우, 윤석, 예은에게도 고맙습니다.

무엇보다 가족들의 사랑과 응원이 없었다면 지금의 저는 없었을 것입니다. 지금까지 꾸준히 책을 쓰고 제 비전을 향해 갈 수 있었던 가장 큰 원동력은 바로 가족의 사랑과 응원입니다. 김선욱, 김화선, 이기훈, 고귀임 부모님, 김미선 이모님, 김상호, 김주원, 이선미, 이순천, 임용현 형제자매들 모두 감사합니다. 그리고 아내 이인복과 아들 김동환에게도 감사합니다. 두 사람은 제가 하는 모든 일의 의미입니다.

마지막으로 장인어른께 감사드립니다. 이 책의 원고를 쓰는 동안 장인어른께서 조금 일찍 먼 곳으로 여행을 떠나셨습니다. 평소에 말씀은 많이 없으셔도 무엇이 중요한지 본질과 핵심을 잘 짚어 주셨습니다. 부족한 저를 아껴 주시고 도와주셔서 감사드립니다. 그동안 가족들을 위해 정말 수고 많으셨고 좋은 곳에서 편히 쉬고 계시리라 믿습니다. 감사합니다.

※ 아직 자신만의 정의가 없는 초심자를 위해
사전적 정의를 기준으로 정리하였습니다.

◇◇◇◇◇◇◇◇◇◇◇◇◇◇◇◇◇◇◇◇◇◇◇

4C

• 고객 가치(Costomer Value): 소비자의 요구와 필요를 중심으로 마케팅 전략을 수립하는 것을 의미합니다. 성공적인 마케팅은 타깃 고객의 선호도와 행동을 이해하는 데 기반해야 합니다.

• 비용(Cost): 제품의 가격을 소비자가 느끼는 가치와 부담을 고려하여 설정하는 것입니다. 단순히 생산 비용이나 기업의 이윤만을 고려하는 것이 아니라, 소비자가 합리적으로 느끼는 가격을 중시합니다.

• 편리성(Convenience): 소비자가 제품을 얼마나 쉽게 구매

하고 이용할 수 있는지를 강조합니다. 이는 유통 경로, 구매 방법, 접근성 등을 포함하여 고객의 편의를 최우선으로 고려해야 함을 나타냅니다.

- 커뮤니케이션(Communication): 기업과 소비자 간의 쌍방향 소통을 중요시합니다. 과거의 일방적인 광고 방식에서 벗어나, 고객의 피드백을 듣고 이를 반영하는 의사소통 방식이 필요합니다.

4P

- 제품(Product): 제품의 기능, 디자인, 품질을 포함한 고객의 니즈를 충족시키는 상품이나 서비스, 고객의 기대를 뛰어넘는 가치 제공이 중요
- 가격(Price): 제품이나 서비스의 금전적 가치, 시장 경쟁, 제품 품질, 고객의 지불 의사 등을 고려하여 온라인/오프라인에 따라 다른 가격 전략 적용 가능
- 장소(Place): 온라인(웹사이트, 소셜미디어) 및 오프라인(매장)을 포함해 제품이 소비자에게 전달되는 유통 채널, 제품의 접근성과 가시성을 결정
- 프로모션(Promotion): 광고, PR, 판매 촉진 등을 포함하여 제품이나 서비스를 시장에 알리고 판매를 촉진하는 활동

STP 전략

STP는 Segmentation(시장 세분화), Targeting(표적 시장 선정), Positioning(위상 정립)의 약자로, 효과적인 마케팅 전략을 수립하기 위한 핵심 프레임 워크

고객경험

Customer Experience(CX), 마케팅, 판매, 고객 서비스 등 구매 여정의 모든 단계를 포함하여 고객이 브랜드와 상호작용하는 모든 접점에서 느끼는 감정과 인상의 모든 경험

고객생애가치

Customer Lifetime Value(CLV), 소비자 한 명이 하나의 상품 혹은 기업의 고객으로 남아 있는 기간 동안 발생하는 수익의 총합계

고객 페르소나

Persona, 고객 데이터를 기반으로 기업의 이상적인 고객을 대표하는 한 명의 가상 인물에 대한 구체적인 묘사 방법

소비자구매여정

Consumer Decision Journey(CDJ)은 소비자가 제품이나 서비스를 구매하기까지의 일련의 단계. 인지, 고려, 구매, 경험, 충성도 등의 단계로 구성(www.mckinsey.com)

로고

로고타이프(logotype)의 준말로, 기업, 단체, 개인 등이 상품 등을 광고, 홍보하기 위하여 사용하는 시각적 디자인이나 상징

미디어믹스

media mix. 두 개 이상의 다양한 미디어 또는 플랫폼을 전략

적으로 활용하여 광고를 집행하는 방식. 각 미디어의 장점을 최대한 활용하여 광고의 효율성과 범위를 극대화하는 것이 목적

브랜드

사업자가 자기 상품에 대하여, 경쟁업체의 것과 구별하기 위하여 사용하는 기호,문자,도형, 디자인 등을 일컫는 말로 특정 제품을 연상시킬 수 있다면 모든 것들이 브랜드로 사용 가능

브랜딩

소비자에게 전달되는 경험과 감정의 집합으로, 브랜드와 고객 간의 관계를 구축하는 모든 활동, 소비자가 브랜드를 인식하고 기억하는 데 중요한 역할을 하며, 브랜드의 이미지와 가치를 형성하는 과정

심볼

심볼(Symbol Mark)은 브랜드를 시각적으로 대표하는 그림,

그래픽 기호 또는 아이콘을 의미. 단순한 이미지 이상의 의미를 지니며 브랜드 정체성 표현, 브랜드의 개성과 가치를 시각적으로 전달, 기업의 철학과 비전을 함축적으로 나타냄

스토리텔링

고객의 마음속에 제품이나 브랜드가 차지하는 독특한 위치를 만드는 전략. 브랜드의 장기적인 성공을 위한 토대를 마련하며, 마케팅 활동의 일관성을 유지하는 데 도움, 브랜드의 존재 이유와 고객의 삶에 미치는 의미를 감동적이고 설득력 있게 전달

슬로건

브랜드의 핵심 메시지를 담은 짧고 기억하기 쉬운 문구. 브랜드 정체성 전달, 인지도 향상, 감정적 연결 등의 역할. 발음하기 쉽고 기억하기 좋은 문구를 사용하는 것이 효과적

차별화

경쟁사와 구별되는 독특한 가치를 제공하여 소비자의 마음속에 특별한 위치를 차지하는 전략. 차별화는 브랜딩의 성공과 실패를 가르는 핵심 요소

포지셔닝

고객의 마음속에 제품이나 브랜드가 차지하는 독특한 위치를 만드는 전략. 브랜드의 장기적인 성공을 위한 토대를 마련하며, 마케팅 활동의 일관성을 유지하는 데 도움

＊ 제가 읽어 본 책을 추천합니다.
책 소개는 교보문고에 등록된 내용으로 정리하였습니다.

◇◇◇◇◇◇◇◇◇◇◇◇◇◇◇◇◇◇◇◇◇◇◇◇◇

『그래서 브랜딩이 필요합니다』

—수많은 이름 중에 단 하나의 브랜드가 되기 위한 방법

저자 전우성, 책 읽는 수요일

네이버, 29CM, 스타일쉐어 등을 거치며 차별화된 브랜딩 전략과 실행으로 MZ세대가 열광하는 브랜드 가치를 만들어 낸 브랜딩 전문가 전우성 디렉터의 브랜딩에 대한 생각과 조언

『모든 비즈니스는 브랜딩이다』

— 책으로 만나는 홍성태 교수의 브랜딩 명강의

저자 홍성태, 쌤앤파커스

상품이 아닌 가치를 팔아라! 한양대학교 경영대학의 홍성태 교수가 탄탄한 학문적 역량과 수많은 기업을 컨설팅한 경험을 기반으로, 고객의 마음을 사로잡는 데 성공한 브랜드의 비결을 밝힌다. 브랜드 컨셉의 도출과 활용, 소비자가 브랜드를 보다 잘 체험할 수 있도록 돕는 과정을 담고 있다.

『끌리는 컨셉의 법칙』

— 세계적 히트상품 속 정교한 컨셉의 비밀 17

저자 김근태, 중앙북스

결국 열등한 제품은 우월한 제품을 이길 수 있지만 열등한 컨셉은 우월한 컨셉을 이길 수 없다는 것이다. 소비자의 욕구를 세심하게 점검해 컨셉을 설정하는 것이 성공의 비결이다. 왜 컨셉이 중요하며 성공하는 컨셉은 어떻게 탄생하는지 동서고금의 지혜와 통찰로 정리한 17가지 법칙은 실패 없는 마케팅의 든든한 발판이 되어 줄 것이다.

『디스 이즈 브랜딩』

— 브랜드 심리학자의 강의록

저자 김지헌, 턴어라운드

1강에서는 브랜드 전략의 기본기를 다지고, 2~4강을 통해 브랜드 지식구조를 구축, 관리, 활용하는 방법을 이야기하고, 5강에서 외부 브랜딩 못지않게 중요한 내부 브랜딩을 짚고, 6~7강을 통해 브랜드 포트폴리오 및 디지털 브랜딩 전략까지 브랜딩 전략을 폭 넓게 다룬다.

『팬을 만드는 마케팅』

— 내 일에 필요한 소스를 전합니다

저자 문영호, 북스톤

오래가는 브랜드의 비결은 다름 아닌 충성고객, 우리만의 팬을 확보하는 것이다. 저자는 '고객의 신뢰를 얻어 팬을 만드는 것'이야말로 오늘날 필요한 브랜딩이라 정의하며, 우리만의 팬을 만들어 가는 과정을 통해 지금 브랜딩을 시작하는 법을 이야기한다.

『알아두면 돈이 되는 브랜딩』

— 디지털 시대, 성공하는 브랜드 파워 전략

저자 오토하타 미쓰오, 북커스

기업은 타 브랜드와의 차별성, 일관된 브랜드다움으로 고객을 팬으로 만들어야 한다. 또한, 제품을 팔기 위한 마케팅의 한 전략으로 브랜드의 가치를 높여야 하며 고객에게 매력적으로 다가가고 믿음을 줄 수 있는 브랜드를 만드는 일에 힘써야 한다.

『어느 날 대표님이 우리도 브랜딩 좀 해보자고 말했다』

— 실무자를 위한 현실 브랜딩 안내서

저자 박창선, 미래의 창

어떤 브랜드든 그 안에서 일하는 사람들이 있다는 점에 주목하고, 그들을 위해 브랜딩을 말한다. 그리고 기획자, 마케터, 디자이너 등 관련 업무에 밀접하게 닿아 있는 사람들뿐만 아니라 그 회사의 전 직원이 브랜딩을 이해해야 한다고 강조한다. 모두가 브랜드 콘셉트를 고민하고 실천해야만 '진짜 브랜딩'을 완성할 수 있기 때문이다.

『내 생각과 관점을 수익화하는 퍼스널 브랜딩』

—반응 소통 성장을 만드는 글 기획법

저자 촉촉한 마케터, 초록비책공방

이 책은 어그로와 후킹이 판치는 온라인 세상에서 나와 내 브랜드 가치를 자연스러운 '끌림'으로 사람들에게 기억나게 만드는 건강하고 우아한 퍼스널 브랜딩 방법을 설명한다. 나의 생각과 관점을 실체화한 글쓰기로 반응과 소통을 얻는 글을 기획하고, 브랜딩 콘셉트 설계, 나아가 수익화까지 나답게 성장할 수 있는 퍼스널 브랜딩 방법을 한 권으로 담았다.

『브랜드 스토리 디자인』

—사람의 마음을 움직이는 '브랜드 스토리' 만드는 법에 관하여

저자 호소야 마사토, 비엠케이

"시대가 변했다. 좀처럼 물건이 팔리지 않는다." 여기저기서 들려오는 아우성이다. 정말일까? 이제 소비자는 웬만해서는 지갑을 열지 않게 된 것일까? 이 책의 저자 호소야 마사토는 "반은 맞고 반은 틀렸다"고 말한다. '단순히 물건을 디자인하는 것만으로는 팔리지 않는 시대'일 뿐, 지금까지와 다른 방법으로 접근하면 얼마든지 해결될 일이라는 것이다.

『당신의 강점을 비싸게 팔아라』

— 차별화된 강점으로 돈 버는 커리어를 만드는 기술

저자 간다 마사노리, 기누타 준이치, 동양북스

"당신의 강점은 무엇인가? 그것으로 무엇을 해냈는가?" 개인의 역량을 평가하는 자리에서 절대 빠지지 않는 이 질문에 제대로 답할 수 있는 사람이 몇이나 될까? 수많은 평범한 사람들에게서 성공을 이끌어내며 21세기 자기계발의 원류로 여겨지는 『비상식적 성공 법칙』의 주인공 간다 마사노리. 그는 인생의 성공과 실패는 '강점'을 발견했느냐, 발견하지 못했느냐 단지 그 차이밖에 없다고 말한다.

『우리는 왜 본질을 잊는가』

— 브랜딩의 기술

저자 세키노 요시키, 나무생각

진정한 브랜딩의 기술은 바로 '본질'에 있다

시장의 브랜드 경쟁은 날로 뜨거워지고 있다. 새로운 제품은 시장에 내놓자마자 경쟁사들에 따라잡히고, 고객들은 이제 자신이 구입한 상품에서 상품 그 이상의 가치를 느끼고 싶어 한다. 그렇기 때문에 지금은 제품을 차별화시키는 '브랜딩'이 그 어느 때보다도 중요해졌다.

브랜딩은 고객이 상품에 좋은 이미지를 갖고 만족감을 느끼도록 그 제품만의 브랜드 가치를 만드는 것을 말한다.

『컨셉수업』
— 번뜩이는 아이디어를 잘 팔리는 비즈니스로 이끄는
저자 호소다 다카히로, 알에이치코리아

'쓸모'를 겨루는 시대는 끝났다. 소비자의 니즈를 채워 주는 상품과 서비스, 콘텐츠는 넘친다. 그 속에 담긴 '의미'가 중요해진 시대. 창작자에게는 새로운 의미를 부여할 줄 아는 능력, 즉 컨셉을 다루는 능력이 요구된다. 잘 설계한 컨셉은 소비자의 마음을 단번에 여는 열쇠다. 모든 구성 요소가 컨셉이라는 명목하에 연관되고 조화될 때, 소비자에게는 단 하나의 메시지가 각인되고, 그들의 마음을 얻게 된다.

『무기가 되는 스토리』

—브랜드 전쟁에서 살아남는 7가지 문장 공식

저자 도널드 밀러, 월북

당신의 브랜드가 하는 일을 한 문장으로 말해 보라.

만약 바로 말할 수 없다면? 지금 당신의 브랜드는 서서히 망해 가고 있다!

이 책은 마케팅 전쟁터에서 가장 강력한 힘을 지닌 무기, 즉 스토리의 구축 비법을 공개한 책이다. 메시지가 선명한 스토리는 듣는 이의 마음을 얻지만, 흐릿한 스토리는 막대한 손실을 가져온다. 과연 스토리는 어떻게 만들어야 할까?

소규모 사업자가 처음 읽는 브랜드 책
하루 10분 브랜딩 습관

글 흑상어쌤
발행일 2024년 12월 20일 초판 1쇄

발행처 다반
발행인 노승현
출판등록 제2011-08호(2011년 1월 20일)
주소 서울특별시 마포구 양화로81 H스퀘어 320호
전화 02-868-4979 팩스 : 02-868-4978

이메일 davanbook@naver.com
홈페이지 davanbook.modoo.at

ⓒ 2024, 흑상어쌤

ISBN 979-11-94267-12-6 03320